ADAC Reiseführer

Thailand

Tempel · Klöster · Strände · Märkte · Wanderungen
Königspaläste · Bootsfahrten · Hotels · Restaurants

Die Top Tipps führen Sie zu den Highlights

von Martina Miethig

Intro

Unterwegs

Thailand Kaleidoskop

Karten und Pläne

Service

Thailand aktuell A bis Z 125

Sprachführer 136

Register 141

Leserforum

Die Meinung unserer Leserinnen und Leser ist wichtig, daher freuen wir uns von Ihnen zu hören. Wenn Ihnen dieser Reiseführer gefällt, wenn Sie Hinweise zu den Inhalten haben – Ergänzungs- und Verbesserungsvorschläge, Tipps und Korrekturen –, dann kontaktieren Sie uns bitte:

Redaktion ADAC Reiseführer
ADAC Verlag GmbH & Co. KG
Hansastraße 19, 80686 München
reisefuehrer@adac.de
www.adac.de/reisefuehrer

Thailand Impressionen

Land der Freien, Land der goldenen Schätze

Exotik und Bilderbuchstrände – beides verbinden Reisende aus aller Welt mit Thailand. Das einstige Siam **ist** ein Sehnsuchtsziel für Millionen von Farang (Touristen) im Jahr. Viele beginnen jedoch ihre Reise in **Bangkok**, einer 12-Mio.-Metropole, in der modernes Leben die uralten Traditionen mit Lichtgeschwindigkeit überholt. Wo Wälder von Wolkenkratzern aufragen, bleibt kaum Raum für Träume von Glückseligkeit und Wohlleben unter Palmen. Und mit einiger Verwunderung nimmt man zur Kenntnis, wie Thai inmitten des größten Verkehrsgetöses an einem Schrein in tiefer Andacht Buddha huldigen.

Magische Buddha-Statuen in goldglänzenden Tempeln

Doch spätestens beim Eintritt in den vor Gold und Marmor strotzenden **Grand Palace** oder den heiligen **Wat Phra Kaeo** wähnt man sich dann in einer südostasiatischen Märchenkulisse voller Fabelwesen und Dämonen. Hier wird die thailändische Kultur erfahrbar, die im Laufe der Jahrtausende zahllose prächtigen Tempel und sagenumwobene Buddha-Statuen hervorbrachte. Als steinerne Zeugnisse einst blühender Königreiche überlebten im ganzen Land Paläste und Ruinenstädte, besonders eindrucksvoll in **Sukhothai** und **Ayutthaya**. Auch auf fremde Herrscher verweisen viele Spuren, die kambodschanischen Khmer etwa hinterließen wuchtige Tempelanlagen.

Tropische Koralleninseln und dschungelbewachsene Bergwelt

Der Reiz Thailands liegt auch in der Vielfalt und Schönheit seiner Landschaften. Die 2500 km lange Küste bietet zahllose Naturwunder: zerkarstete Inselberge in der Andamanensee, verwunschen wirkende Tropfsteinhöhlen und eine bunt schillernde Unterwasserwelt. An den schier endlosen weißen Strände im **Golf von Thailand** schwappt kristallklares Wasser gemächlich hin und her, und Kokospalmen rascheln leise im Wind. Im **Süden** breiten sich Gummibaumplantagen, Ananasfelder und tropische Regenwälder, unter deren grünem Dach wilde Orchideen blühen, bis zum Horizont.

Oben: *Gelassen sieht der ruhende Buddha im Wat Pho in Bangkok Besucher vorbeiziehen*
Rechts oben: *Weltkulturerbe – Candis im Wat Phra Si San Phet in Ayutthaya*
Rechts: *Im Zauberschein: abendliche Traumszenerie von Chaweng auf Ko Samui*

Von den Ruinen der Königreiche im **Zentrum** des Landes ist es nicht weit zu den nebelverhangenen Bergwäldern und Reisterrassen im **Norden**, dem *Golden Triangle*. Hier liegt das traditionelle Siedlungsgebiet überwiegend aus Südchina eingewanderter Bergstämme. Viele dieser Meo, Ankh, Lisu etc. pflegen als Animisten Rituale wie Heilbeschwörungen oder Knochenlesen, die den Fremden exotisch und rätselhaft erscheinen.

Ganz und gar nicht dem Hochglanzprospekt über Thailand entspricht der karge **Nordosten**, der oft als ›Armenhaus der Nation‹ beschrieben wird. Allerdings trifft man im **I-Saan** auch auf unverfälsch-

te Gastfreundschaft und Liebenswürdigkeit, vielleicht sogar mehr als in den touristenverwöhnten und reichen Urlaubszentren im Süden. Jedenfalls hat sich der I-Saan seine kulturelle Eigenständigkeit bewahrt, mit kulinarischen Spezialitäten und traditionellen Festen, mit Musik und Tänzen. Eines jedoch haben alle Landesteile gemeinsam: Rund zwei Drittel der Bevölkerung Thailands leben noch heute auf dem Land und meistens auch von der Landwirtschaft.

Smart Phone und Geisterhäuschen

95 % der Thailänder eint der Glaube an Buddha und seine Lehre vom ›Achtfachen Pfad‹, der nach vielen Wiedergeburten endlich zur Erleuchtung führt. Mehr als 25 000 Klöster und Tempel gibt es im Land: Die prächtigen **Wats** mit ihren funkelnden mehrstufigen Mosaikdächern, zwischen Reisfeldern auf dem Land und im Gewühl der Städte, geben Thailand sein unverwechselbares Gepräge.

Die thailändische **Mönchsgemeinde**, die *Sangha*, ist bei all ihrem Streben nach Erlösung alles andere als weltfremd: So sind Klosterbüros längst mit Computern ausgestattet und der Reisende sieht den einen oder anderen Robenträger am Geldautomaten auf Baht-Scheine warten oder plaudernd an der Bushaltestelle – mit dem Smart Phone am Ohr. Manche der Äbte haben einen äußerst lukrativen Kultstatus erlangt und behaupten, Wunderheilungen zu vollbringen oder die Lottozahlen voraussagen zu können. Einige ihrer berühmten Vorgänger liegen

würdig mumifiziert in gläsernen Sarkophagen, die mit Münzen, Geldscheinen und Goldpapierschnipseln bedeckt sind, und empfangen so noch immer ihre gläubigen Anhänger.

Im irdischen Alltag wollen natürlich auch die vielen unsichtbaren **Geister** besänftigt werden: Jeden Morgen glimmen Milliarden Räucherstäbchen und Kerzen in bunten Geisterhäuschen, davor eine Schale Reis und eine Limonade für deren Bewohner, die Hausgeister. Der Glaube an die Macht der Geisterwelt ist älter als der Buddhismus und noch heute ohne gesellschaftliche Schranken verbreitet: In keiner Bambushütte oder Hotellobby, keiner Bar oder Tankstelle dürfen sie fehlen, die verschnörkelten Miniaturtempel, Hausaltäre und Statuen.

An diesen jahrtausendealten Ritualen änderte auch die rasche Modernisierung Thailands nichts, ebensowenig wie der bis ins hinterste Bergdorf vorgedrungene Tourismus. Selbst in Bangkoks, im kühlen Schatten der Wolkenkratzer, halten sich die uralten Sitten und Gebräuche: Noch hat der westliche Handschlag den Wai zur Begrüßung nicht abgelöst – die Thai verbeugen sich mit aneinander gelegten Händen und zeigen damit ihren Respekt vor dem Gegenüber. Noch heute behaupten sich die Fahrradrikschas im Verkehrsstrom der Provinzstädte. Und selbst Premierminister lassen sich von Astrologen beraten, bei der Ergründung ihres politischen Schicksals.

Links oben: *Agrargeometrie – Reisanbau im grünen Norden des Landes bei Chiang Mai*
Links Mitte: *Gut gelaunt treten die drei Mönche diesen Abschnitt ihrer Reise an*
Links unten: *Unternehmungslustig landen Urlauber an der Maya Bay von Ko Phi Phi Le*
Oben: *Im Reich der Zeichen: Straßenszene in Bangkoks Chinatown*

Die Seele der Nation

Aber die Thai haben nicht nur die Elemente verschiedener Glaubensrichtungen miteinander verquickt – in fast jedem Tempel wohnen neben Buddha auch Gestalten aus der hinduistischen Mythologie –, sie sind auch tolerant gegenüber anderen Volksgruppen und gegenüber Andersgläubigen: Die Chance, am Morgen vom muslimischen Sprechgesang anstatt von einem buddhistischen Mönchschor geweckt zu werden, steigt mit jedem Breitengrad, den man auf dem Weg nach Süden überquert. Irgendwo bei Hat Yai schließlich blinken zahllose bunte Moscheenkuppeln und Minarette im Sonnenlicht.

Die 69 Mio. Thailänder sind stolz auf ihr Land, ihre Geschichte und vor allem auf ihren König. Seine Majestät **König Bhumipol**, seit 1946 auf dem Thron, ist der hochverehrter Landesvater und war die einigende Kraft während der schwierigen Modernisierungsphase. Zugleich engagierte sich König Bhumipol in zahlreichen Entwicklungsprojekten für das Wohl des Landes und der Bevölkerung. Er ist der dienstälteste Monarch der Welt und übrigens auch der wohlhabendste.

Von Image und Urlaub

Mit der vorherrschenden Doppelmoral haben selbst viele modern gesinnte Thai ihre Last. Auch darum versucht das buddhistische Land seit Jahren, sein Image als Tummelplatz für Sextouristen loszuwerden. Aber am Geschäft mit der käuflichen Liebe wird immer noch kräftig ver-

dient. In vielen Touristenorten sind Gogo-Bars und Massagesalons die Aushängeschilder einer Vergnügungsindustrie, die reichlich Devisen bringt.

Männer aus dem Westen fahren zwar wie eh und je nach Thailand, aber nicht immer und ausschließlich der ›exotischen Reize‹ wegen. Viele von ihnen verwahren sich zu Recht gegen solche Pauschalurteile. Längst ist Thailand auch ein beliebtes Ziel für **Familien**, darunter sind nicht wenige thai-deutsche Ehepaare mit ihren Sprösslingen, sowie für **Pensionäre**, die in Urlaubszentren wie Pattaya und Phuket überwintern oder sich sogar dort niedergelassen haben.

Lebensfreude groß geschrieben

Und wenn dem ›**Land der Freien**‹ – das nämlich bedeutet der Landesname – auch die koloniale Fremdherrschaft erspart geblieben ist: Letztendlich wurde es doch von Fremden erobert, allerdings auf lebenslustige und meist vorübergehende Weise: Der Höhepunkt der alljährlichen ›Invasion‹ findet pünktlich zwischen November und April statt – mit Bikini, Sonnenöl und Flip Flops. Und zahllose Thailänder sind froh über die reichen Früchte, die der Tourismus ihnen und ihrem Land bringt.

Wohl kaum ein Reisender, der Thailand kennenlernt, wird sich seinem Charme und seiner Schönheit entziehen können. Ob Sonnenanbeter oder Gourmet, Wassersportler oder Nachteule, Kultur- oder Wanderfreund: Jeder Besucher findet die gewünschte Form von **Sanuk**, die thailändische Version von Spaß und Lebensfreude, sei es in einer Strandbar oder bei einem Yoga Retreat, bei einer Exkursion in den Dschungel oder in der meditativen Stille eines Höhlenklosters.

Links oben: *Ganz in Weiß – zart duftende Schönheit in einer Orchideenfarm*
Links Mitte: *Bunte Seidenstoffe findet man auf Thailands Märkten in reicher Auswahl*
Links unten: *Gaumenfreuden und Augenschmaus – Reisnudeln mit Meeresfrüchten*
Links: *Spannung vor dem großen Auftritt – gleich wird das Ramakian getanzt*
Oben: *Auf zu Abenteuern – Reiterfreuden am Pai-Fluss bei Mae Hong Son*

Geschichte, Kunst, Kultur im Überblick

Vom märchenhaften Prunk der Könige und von lächelnden Buddhas

Frühgeschichte Über die Ursprünge des Thai-Volkes und die Frühgeschichte des Landes weiß man nur wenig. Zwar gab es umfangreiche Aufzeichnungen, die jedoch verloren gingen, als die Birmanen vor mehr als 200 Jahren die Bibliotheken des Königreiches in Ayutthaya zerstörten. Einige Forscher gehen davon aus, dass die Urväter der Thai Polynesier aus dem indonesisch-melanesischen Raum waren. Eine andere Theorie stützt sich auf bis zu 4000 Jahre alte Keramik- und Bronzeartefakte, die 1966/67 und 1972 in Ban Chiang im Nordosten Thailands entdeckt wurden. Seit dem Jahr 1992 ist Ban Chiang UNESCO Weltkulturerbe und gilt als älteste Siedlung Thailands und erste Bronzekultur der Weltgeschichte. Die dritte und bekannteste These geht davon aus, dass die Thai aus Südchina (Yünnan) stammen, wo sie im 7. Jh. das Nan Chao Reich gründeten und später vor den Mongolen Kublai Khans ins heutige Nordthailand flohen.

ab 1. Jh. n. Chr. In Thailand zeigen sich Einflüsse aus dem indischen Subkontinent, z. B. in der Töpferei. Der Buddhismus und buddhistisch geprägte Kunststile gelangen von Ceylon nach Thailand.

250–600 Funan, das älteste Königreich Südostasiens, hat vermutlich seinen Mittelpunkt in Zentralthailand. Ab dem 5. Jh. werden erstmals Töpferwaren und Lampen aus dem Ausland eingeführt, die z. T. römische Merkmale tragen.

Kulturgut – 2500 Jahre alte Bauchvase aus rotem Ton, gefunden in Ban Chiang

Nicht-thailändische Königreiche

Bereits lange vor der Besiedlung durch die Thai 13. Jh. teilten ab dem 7. Jh. drei andere Hochkulturen das Gebiet des heutigen Thailand unter sich auf: die Mon (Dvaravati), die Khmer und das Reich der aus Indonesien stammenden Srivijaya.

ab 6. Jh. Das Dvaravati-Reich wird Ende des 6. Jh. nach dem Zerfall Funans gegründet und kann sich bis zum 11. Jh. behaupten. Die Bevölkerung dieses buddhistischen Königreiches besteht vorwiegend aus dem Mon-Volk. Die Mon sind wahrscheinlich aus Mittelasien über das heutige Myanmar eingewandert und haben sich im Laufe der vorhergehenden Jahrhunderte mit den Thai vermischt. Dvaravati reicht von Nakhon Pathom bis in den Norden und eventuell bis ins heutige Kambodscha. Die Khmer

Eines der schönsten Beispiele der Khmer-Architektur: Prasat in Phimai, 11./12. Jh.

breiten sich seit dem 7. Jh. unaufhaltsam nach Westen aus. Der Süden Thailands ist ab dem 7. Jh. ein Vasallenstaat des Srivijaya-Reiches aus dem indonesischen Archipel, dessen Herrschaft auf Thai-Territorium bis zum 13. Jh. andauert. Um das 10. Jh. ziehen die Thai allmählich von Südchina gen Süden ins heutige Thailand.

11.–13. Jh. Im 11. Jh. erobern die Khmer weite Teile Zentralthailands: Die kambodschanischen Könige dehnen ihren Machtbereich bis Lopburi aus und vertreiben die hier ansässigen Fürsten des Dvaravati-Reiches. Es entstehen unzählige Sakralbauten im Khmer-Stil, bei denen sich hinduistische und buddhistische Elemente mischen. Deutlichstes Merkmal ist der massiv gedrungene Prang-Turm.

Die Königreiche der Thai

13.–14. Jh. Die Zeiten der Mon und Khmer in Thailand sind vorbei, die ›Wiege der Thai-Kultur‹ wird begründet: Sukhothai wird 1238 zum Zentrum des ersten (historisch belegten) Thai-Königreiches auf Thai-Territorium. Die Sieger kommen aus dem Norden, wo sich mehrere thailändische Fürstentümer zusammengeschlossen hatten. Sukhothai gilt als Geburtsstätte der thailändischen Künste und des Thai-Alphabets. Künstlerische Merkmale dieser Epoche sind beispielsweise der schreitende und lächelnde Buddha sowie ceylonesisch geformte Chedis (glockenförmige Tempel-/Reliquientürme). Die Grenzen des Reiches bilden Nakhon Si Thammarat im Süden, Luang Prabang in Laos und Pegu im Süden Myanmars. Bereits Mitte des 14. Jh. zerfällt das Reich wieder.

ab 1350 König U-Thong (Thibodi I.) macht Ayutthaya zu seiner Hauptstadt und lehnt sich gegen Sukhothai auf, das er 1376 annektiert. 1431 erobert das Königreich Ayutthaya das Khmer-Reich in Angkor und dehnt seine Einflusssphäre bis auf die Halbinsel Malakka im Süden aus. In Folge wächst die Hauptstadt Ayutthaya zu einer der größten und bedeutendsten Städte Asiens.

1556–84 Birmanische Truppen erobern den Norden Thailands, auch Ayutthaya wird 1569 für 15 Jahre unterworfen, aber nicht zerstört.

17. Jh. Blütezeit der Königsstadt Ayutthaya. Die europäischen Handelsmächte errichten in Siam, wie das Königreich nun heißt, Handelsniederlassungen. Die allzu eifrigen christlichen Missionierungsversuche seit Beginn des 16. Jh., vor allem der Franzosen, führen 1688 zu einem Aufstand der freiheitsliebenden Thai. Dieser wiederum hat eine fast 150 Jahre andauernde Abschottung Thailands gegenüber Europa zur Folge.

1767 Nach wiederholten Angriffen und der Besetzung von Teilen Südthailands erobern birmanische Truppen erneut Ayutthaya und zerstören es schließlich. Damit endet das am längsten bestehende Reich Thailands: In den vergangenen vier Jahrhunderten hatten hier 33 Könige aus fünf Dynastien geherrscht. Der größte Teil der thailändischen Geschichtsschreibung fällt den Flammen der Eroberer zum Opfer. Doch schon ein Jahr später kann der Thai-General Taksin die Birmanen wieder aus dem Land jagen. Er wird König und wählt Thonburi zu seiner neuen Hauptstadt.

Nach der Zerstörung Ayutthayas im 18. Jh. blieben von der einstigen Metropole nur Ruinen

8-jähriger Chakri-Kronprinz Maha Vajirunhis (1878–95)

Die Chakri-Dynastie

1782 Beginn der Rattanakosin-Periode in Bangkok: Nachdem König Taksin wegen Wahnsinns hingerichtet wurde, verlegt General Chao Phraya (Phya) Chakri die Residenz nach Bangkok und begründet als Rama I. die Chakri-Dynastie, die ohne Unterbrechung bis heute herrscht.

1851–68 König Mongkut (Rama IV.) reformiert das Reich mithilfe westlicher Berater und Wissenschaftler. Durch diplomatisches Geschick und ausgezeichnete Auslandsbeziehungen bewahrt der engagierte Buddhist sein Reich vor westlicher Kolonisation – Siam bleibt als einziges Land in Südostasien frei!

1868–1910 Der noch heute hochverehrte König Chulalongkorn (Rama V.) setzt bedeutende Reformen durch, so die Abschaffung der Sklaverei und die Einführung eines weltlichen Schul- und Steuersystems nach englischem Vorbild. Deutsche Ingenieure sind maßgeblich am Bau der Eisenbahnstrecke nach Norden beteiligt, der thailändische König ist u. a. in Heidelberg zu Gast. 1896 garantieren England und Frankreich, die Kolonialmächte in der Region, immer währende Neutralität gegenüber Siam.

1929–31 Während der Regierungszeit des konservativen Königs Prajadhipok (Rama VII.) sind auch in Siam die Folgen der Weltwirtschaftskrise zu spüren: Auf den Verfall des Reispreises reagiert seine Regierung mit Steuererhöhungen und Entlassungen, vor allem im Beamtenapparat. Das Bürgertum, darunter viele im Westen ausgebildete Thai, fühlt sich benachteiligt.

Die Ära der Militärs

1932 Offiziere putschen gegen das Königshaus. Dessen Macht wird durch Einführung einer konstitutionellen Monarchie beschnitten. Die neue ›Volkspartei‹ löst ihr Versprechen der Demokratisierung nicht ein.

1938/39 Der General Pibul Songkhram errichtet eine Militärdiktatur. Zu seinen Zielen gehören Expansionspläne, nach denen alle Thai-Völker in Asien zu einem Großreich unter der Führung Bangkoks vereint werden sollen. Siam wird 1939 in Thailand umbenannt (offiziell: Prathet Thai, ›das Land der Freien‹).

1941–45 Im Zweiten Weltkrieg besetzen japanische Truppen das Land, das sich schließlich mit Japan gegen Amerika und Großbritannien verbündet.

König Rama V. Chulalongkorn (1853–1910) im Jahr 1907

1946 Nach dem mysteriösen Mord an König Ananda Mahidol wird dessen Bruder Bhumipol Adulyadej als Rama IX. König von Thailand.

ab 1947 Korrupte Militärregierungen sind in den folgenden Jahrzehnten an der Macht. Der Vietnamkrieg wird bis zum Abzug der letzten US-Truppen im Jahr 1973 größtenteils von US-Luftstützpunkten in Thailand aus geführt.

1971 Unter Hinweis auf eine angebliche prokommunistische Guerilla löst Regierungschef General Thanom Kittikachorn das Parlament auf und verhängt das Kriegsrecht.

König Bhumipol mit Tochter Prinzessin Ubol Ratana (vorn) und Enkelinnen Sirikitiya Jensen (Mitte) und Ploypailin Jensen (li.) 2006

Gewalttätige Proteste gegen die Regierung in Bangkok 2009

1973–76 Eine Studentenrevolte gegen Kittikachorn weitet sich aus und führt 1973 zum Sturz des Militärregimes. König Bhumipol vermittelt, doch Unruhen und Streiks gehen weiter. 1976 werden erneut Demonstrationen blutig niedergeschlagen, ein weiterer Militärputsch folgt.

Demokratisierungsprozess und Krisen

1988–91 Während der Regierung des Ex-Militärs Chatichai Choonhavan erlebt Thailand einen großen wirtschaftlichen Aufschwung.
1991/92 Im Anschluss an einen Staatsstreich im Februar 1991 wird General Suchinda Kraprayoon Premierminister, was zu Tumulten im Land führt, denn er ist kein gewähltes Mitglied des Parlaments. 1992 kommt es zum ›Schwarzen Mai‹: Die Armee richtet unter Demonstranten ein Blutbad an. König Bhumipol öffnet den Demonstranten die Tore seines Palastes. Suchinda muss zurücktreten.
2001 Mit der neuen Partei Thai Rak Thai gewinnt Thaksin Shinawatra die Wahlen und wird Ministerpräsident.
2004 Am 26. Dezember löst ein Seebeben vor Sumatra einen Tsunami aus. Die gewaltige Flutwelle fordert in Thailand 5500 Tote. Insgesamt kommen 300 000 Menschen ums Leben.
2006 60-jähriges Thronjubiläum König Bhumipols. – Nach Protesten gegen Ministerpräsident Thaksin stürzt der ›Rat für demokratische Reformen‹ die Regierung. Trotz Neuwahlen halten die blutigen Kämpfe der einzelnen politischen Lager an. – Bangkok erhält einen neuen Flughafen.
2008 Monatelang besetzen Oppositionelle Bangkoks Regierungsviertel. Am 15. Dezember wird der Oppositionsführer Abhisit Vejjahjiva zum neuen Ministerpräsidenten gewählt.
2009 Abbruch des Ostasien-Gipfels in Pattaya, Anhänger von Ex-Premier Thaksin stürmen die Tagungsstätte.
2010 Im April und Mai fordern Unruhen über 100 Tote. – Im Juli wird der Ausnahmezustand über Bangkok verhängt. – Durch Herbstunwetter in Zentral- und Nordwestthailand sterben etwa 220 Menschen.
2011 Yingluck Shinawatra, die Schwester des 2006 gestürzten Regierungschefs Thaksin Shinawatra, wird die erste weibliche Premierministerin Thailands.
2013 Thailand will Millionen von Tablets kaufen und sie an Schüler verteilen, um digitale Lernprogramme zugänglich zu machen.

Ko Phi Phi – der Tsunami von 2004 brachte auch an Thailands Küsten Tod und Zerstörung

A27

Unterwegs

Traumbucht für Badefreunde und Kletterer –
Ton Sai Beach südlich von Krabi

Bangkok und Umgebung – Alltag zwischen Internet und Geisterhäuschen

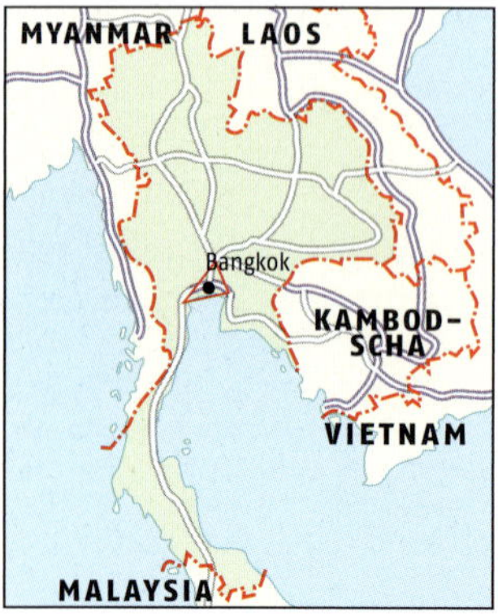

Ankunft in Bangkok: Stop-and-go auf dem vielspurigen Highway, der vom Suvarnabhumi Airport in die City führt. Kilometerlang geht es vorbei an den windschiefen Wellblechhütten der Slums, in denen etwa ein Viertel der 7 Mio. Bangkoker (im Großraum über 12 Mio.) lebt, dann entlang der Wolkenkratzer mit ihren Säulen und Arkaden im neoklassizistischen Stil und vorbei an futuristisch-farbenfrohen Gebäude-Klötzen. Zu ihren Füßen ducken sich die buddhistischen Tempel und Klöster mit ihren bunt leuchtenden Dächern.

Bangkok empfängt seine Besucher mit Kontrasten, in keinem anderen Landesteil sind sie so ausgeprägt und allgegenwärtig wie hier. Das alte, traditionsreiche **Siam** und das neue, moderne **Thailand** erscheinen in der Hauptstadt im pausenlosen Wettlauf miteinander: Etwa, wenn die alte Marktfrau mit ihrer wippenden Schultertrage voller Eier gebeugt an den motorisierten Blechmassen vorbeischlurft – und schneller als diese ans Ziel kommt. Wenn in **Chinatown** der Duft von Jasmin und Sandelholz die Abgaswolken überlagert. Wenn im Morgengrauen orangegekleidete Mönche mit Bettelschalen ihre Almosenrunden drehen und die Bangkoker in uralter buddhistischer Manier Reis spenden, um damit Verdienste fürs nächste Leben zu erwerben. Bangkok – das ist Thailand zwischen High Speed Internet und Geisterhäuschen. Die ›Stadt der Engel‹, eine Übersetzung des historischen Namens **Krung Thep**, entpuppt sich als chronisch abgasvernebeltes Ungetüm und monströse Baustelle. Die meisten Urlauber halten es daher keine drei Tage hier aus und ziehen weiter an die Bilderbuchstrände im Süden des Landes.

Gleichwohl lässt sich auch in Bangkok wahre Exotik entdecken, z. B. wenn man von den tosenden Hauptverkehrsadern in die engen *Sois* abbiegt, sich im Gewirr der Gassen umsieht, einer Chili-Wolke mit der Nase folgend, und an einer der zahllosen Garküchen ein Thai-Curry probiert (»Mai phet« heißt übrigens »Nicht so scharf, bitte.«). Und irgendwann stößt man unweigerlich auf einen der über **400 Wats** (Tempel) der Stadt. Der **Grand Palace** mit **Wat Phra Kaeo**, dem Tempel des Smaragd-Buddhas, **Wat Pho** mit seinem liegenden Buddha, der ›Tempel der Morgenröte‹, **Wat Arun**, und der **Wat Benchamabopit**, der Marmortempel, sind einige der schönsten buddhistischen Bauten in Südostasien. Ein Ausflug auf den *Klongs*, den Kanälen, ins Umland nach **Thonburi** vermittelt einen Eindruck vom traditionellen Leben am Ufer des **Chao Phraya**. Zugleich ist Bangkok ein Zentrum modernen Lifestyles mit Weltklasse-Hotels und Restaurants in schwindelerregender Panoramalage, zahllosen schicken Shopping Center und berühmt-berüchtigtem **Nachtleben**. Legendär sind vor allem die neonblinkenden Gogo-Bars, doch haben sie längst Konkurrenz bekommen. Allabendlich füllen sich Jazzclubs, High-Tech-Diskos und Muay-Thai-Boxstadien, Transvestie-Cabarets und Folklore-Shows mit Publikum aus aller Welt.

Von der heutigen Millionenmetropole ist es nicht weit zur alten Königs- und Weltstadt **Ayutthaya**, deren zahlreiche imposante Tempelanlagen mit ihren Pagoden, Tempeltürmen und Buddhas von einstiger Pracht zeugen.

Millionenstadt im Lichterband – Bangkok und der Chao Phraya vom State Tower im Süden

1 Bangkok

Thailands Hauptstadt ist ein Hexenkessel– hier brodelt das Leben nicht nur nachts!

Bangkok bekam bei seiner Gründung im Jahr 1782 den längsten Ortsnamen in der Weltgeschichte (mit 168 Buchstaben!) und hielt damit später Einzug ins Guinness-Buch der Rekorde. Offizieller Kurzname: **Krung Thep**, die ›Stadt der Engel‹. Die neue **Hauptstadt** wuchs am Ufer des **Chao Phraya** und integrierte das Chinesendorf Baan Makok ins heutige Chinatown. Die weite fruchtbare Ebene, begrenzt von Bergen und dem Golf von Thailand, bot Schutz vor kriegerischen Übergriffen, beispielsweise der Birmanen. Ende des 18. Jh. ließ König Rama I. den Königspalast strategisch günstig in der Flussschleife des Chao Phraya errichten. Die ehrwürdigen Bauten aus dem zerstörten Ayutthaya sollten hier in neuer Pracht wiederauferstehen. Die Stadt entwickelte sich rasch zum asiatischen **Handelszentrum**, in dem sich viele Händler aus China ansiedelten. Die Waren wurden mit Barken und Lastkähnen auf künstlichen Kanälen, den **Klongs**, durch die Stadt transportiert, was europäische Besucher damals vor allem an Venedig erinnerte. Doch längst sind die meisten Klongs von Bangkok zugeschüttet und zu Straßen umfunktioniert worden.

Besichtigung Im Herzen der **Altstadt**, direkt am Ufer des Chao Phraya, glitzern die prachtvollen Gebäude, Tempel und Türme des Grand Palace und des Wat Phra Kaeo (Tempel des Smaragd-Buddhas). Thailändischer Baustil, Khmer-Architektur, ceylonesische Einflüsse und europäische Elemente mischen sich in den Bauten der 20 ha großen Anlage. Beim Besuch sollte man sich nicht von den zahlreichen Reisebussen und Besuchern abschrecken lassen.

Königliche Bauten

TOP TIPP Der **Wat Phra Kaeo** 1 (www.palaces.thai.net, tgl. 8.30–16.30, letzte Tickets bis 15.30 Uhr, Eingang am südlichen Ende des Sanam Luang in der Na Phra Lan Road. Nackte Schultern, Shorts, Flip Flops usw. nicht erlaubt) ist der schönste und interessanteste Tempel im ganzen thailändischen Königreich. Hierher strömen auch die Thailänder aus allen Provinzen, vor allem am Wochenende, um das Heiligtum im Inneren des Tempels zu bewundern und der meist-

verehrten Buddha-Statue in ganz Thailand ihren Respekt zu erweisen: dem Smaragd-Buddha.

Wat Phra Kaeo – ein Tempelkleinod wie aus einer Fabrik, wo Träume produziert werden

In diesem wunderschönen Kloster lebten niemals Mönche, da die heiligen Hallen einzig und allein dem König für buddhistische Zeremonien vorbehalten waren, wie schon bei dem architektonischen Vorbild – dem königlichen Tempel im zerstörten Ayutthaya.

Der 1782–84 erbaute Wat ist so reich verziert mit Figuren aus Gold und Bronze, mit farbenprächtigen Mosaiken, Perlmutt und Marmor, Wandmalereien und anderem architektonischen Dekor, dass es eine Weile dauert, bis man die ganze Prachtfülle erfassen kann. Besonders faszinierend sind die zahllosen Figuren aus der thailändischen Mythologie, welche die Gebäude bevölkern: Auf dem Klostergelände empfangen den Besucher überdimensionale, grimmig dreinschauende *Yaksas* (Dämonen), die wie zur Begrüßung ihre Zähne zu fletschen. Grazile *Kinnaras* (halb Mensch, halb Vogelwesen) erscheinen so schwungvoll bewegt, als seien sie gerade eben erst zu Stein erstarrt. *Garuda*-Vögel und mythologische Schlangen (*Nagas*) begegnen dem Besucher auf Schritt und Tritt.

Der Rundgang beginnt hinter dem **Ticketschalter** (stets an der Menschenschlange erkennbar): Durch eine Passage und vorbei an großen dämonischen Wächterfiguren gelangt man in den Innenhof der überdachten Galerie. Dieser quadratische **Wandelgang** umschließt die gesamte Tempelanlage. Er ist geschmückt mit siamesischen Alltagsbildern und Szenen aus dem *Ramakien*: Diese thailändischen Version des indischen Heldenepos *Ramayana* schildert die Abenteuer von König Rama I., Prinzessin Sita und Affengeneral Hanuman bei ihrem vereinten Kampf gegen den Dämonenkönig Ravana.

Die ersten beeindruckenden Bauwerke stehen auf einer großen Marmorplattform. Unübersehbar und vor Gold strotzend ragt der riesige Chedi auf, den König Mongkut (Rama IV.) errichten ließ. Dieser **Phra Si Ratana [A]** beherbergt eine Reli-

quie Buddhas. Gleich dahinter liegt die spitztürmige königliche Bibliothek **Phra Mondhop [B]** mit den Heiligen Schriften des Buddhismus. Besonders auffällig sind die schön verzierten Pfeiler, die das elegante Gebäude tragen, und die weißen Elefanten aus Stein. Links daneben befindet sich ein Steinmodell des kambodschanischen **Angkor Wat [C]**. Das Reich der Khmer stand zur Zeit Mongkuts unter thailändischer Herrschaft.

Das königliche **Pantheon [D]** mit seinem alles überragenden *Prang* ist das letzte Gebäude auf der marmornen Terrasse. Im Inneren sind heute lebensgroße Statuen von den Königen der Chakri-Dynastie zu bewundern – allerdings nur am Chakri-Feiertag, dem 6. April.

Die wichtigste Attraktion des Wat Phra Kaeo wartet in den heiligen Räumen des **Bot [E]**, der Hauptkapelle mit ihrem imposanten vierfach gestaffelten Dach. Hier thront auf einem mehrstufigen Schrein in 11 m Höhe der **Emerald Buddha** (Smaragd-Buddha) aus grün schimmernder Jade – das Nationalheiligtum der Thailänder. Er ist die meistverehrte Buddha-Figur des Königreiches, stets knien Betende ihm zu Füßen. Dreimal im Jahr tauscht der König höchstpersönlich die juwelengeschmückte bzw. aus Goldfäden gewobene Robe der Figur – pünktlich zum Wechsel der drei thailändischen Jahreszeiten: Kühle, Hitze und Regen. Die Statue unter ihrem neunstufigen Ehrenschirm ist nur etwa 70 cm groß. Angaben über Alter und Herkunft verlieren sich in zahlreichen *Legenden*: Die Figur stammt aus Indien oder Birma, stand seit 1464 in einem Tempel in Chiang Mai (später in Lampang) und gelangte dann im 16. Jh. nacheinander in die laotischen Königsstädte Luang Prabang und Vientiane, von wo die Thai sie im 18. Jh. nach einem sieg-

Prunkvolle Tempelwächter, lustig bewundert: Dämonenbild mit Dame am Wat Phra Kaeo

reichen Feldzug schließlich wieder nach Thailand zurückbrachten. Die *Wandmalereien* der Kapelle stellen Szenen aus dem Leben Buddhas (rechts vom Altar) und aus dem Epos Ramakien dar.

Die Außenmauern des Bot sind von vergoldeten Naga-Schlangen und Garudas, göttlichen Adlerwesen, umringt.

TOP TIPP Ein kleines Tor hinter dem Bot führt zum **Grand Palace** 2 (www.palaces.thai.net, tgl. 8.30–15.30, meist ab 12 Uhr geschl., man kann aber von außen all mites besichtigen). Zuerst geht es zur farbenprächtigen, ganz im Thai-Stil errichteten **Amarinda Vinichai Hall [F]**, die zur Zeit von Rama I. den Obersten Gerichtshof beherbergte und heute für Staatszeremonien, Krönungen und Ordensverleihungen genutzt wird. Innen steht der goldverzierte Thron mit neunstufigem weißen Ehrenschirm, dahinter ein weiterer prachtvoller Thron in Bootsform. Der große **Phra Chakri Maha Prasat [G]** wurde 1876–82 nach Plänen eines britischen Architekten als Residenz für König Chulalongkorn (Rama V.) errichtet. Die Marmorfassade im Stil der Renaissance verrät europäischen Einfluss, während das Dach traditionell thailändisch gestaltet ist. In den Spitztürmen des Palastes wird die Asche der verstorbenen Mitglieder der Chakri-Dynastie verwahrt. Im Thronsaal empfängt König Bhumipol ausländische Botschafter zu Audienzen. Der Saal und weitere Gemächer des Palastes sind nicht öffentlich zugänglich, am Wochenende gar ist das Anwesen ganz geschlossen. Als ständige Residenz dient der Königsfamilie übrigens der Chitralada Palast in der Nähe des Zoos.

Ein Paradebeispiel thailändischer Architektur ist der grazile **Amphornphimok Pavillon [H]**, der König Mongkut als Umkleidegemach diente: Mit seinem geradezu märchenhaften Erscheinungsbild, seinen höchst eleganten Proportionen und üppigen Dekorationen kommt er den Fantasievorstellungen der *Farang* (Ausländer) von fernöstlicher Pracht am nächsten. Beeindruckend ist auch der 1789 vollendete **Dusit Maha Prasat [J]** mit seinem vierfach gestaffelten Dach aus roten und grünen Ziegeln. Die *Garudas* scheinen den mächtigen neunstufigen Prasat-Turm in der Mitte auf ihren Flügeln zu tragen. Der perlmuttverzierte Thron in der goldglänzenden Audienzhalle wurde zuletzt 1911 benutzt. Üblicherweise werden im Saal Mitglieder des Königshauses nach ihrem Tod aufgebahrt, ehe man sie in einer feierlichen Zeremonie auf dem Platz Sanam Luang verbrennt.

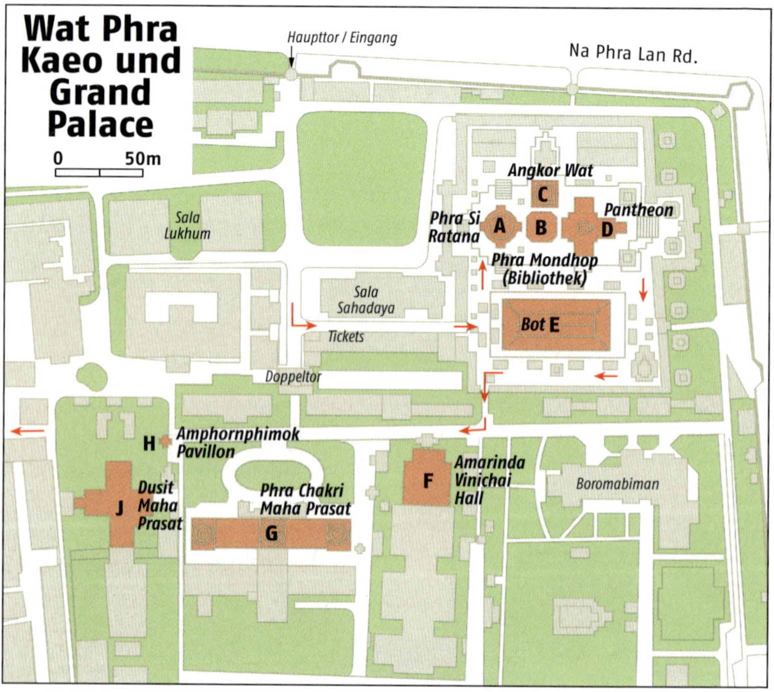

Sieht seine Füße leider nur von Ferne – der ruhende Buddha im Wat Pho ist 46 m lang

Ruhender Buddha und Tempel der Morgenröte

TOP TIPP Südlich vom Königspalast wartet der **Wat Pho** 3 (tgl. 8–17 Uhr), auch Wat Phra Chetuphon genannt, mit Superlativen der Tempelbaukunst auf. Es ist das größte und älteste Kloster Bangkoks. Es wurde im 16. Jh. gegründet, die Bauten stammen größtenteils vom Ende des 18. Jh. Seine 95 Pagoden und 1000 Buddha-Figuren ziehen endlose Scharen von Touristen an. Unter den Statuen des ›Erwachten‹ ist auch der größte Buddha Thailands, der vergoldete **Reclining Buddha** im *Viharn* am Eingang Thai Wang Road. Die in Ruhepose – beim Übergang ins Nirwana – dargestellte Figur ist 46 m lang und 15 m hoch. Besondere Beachtung verdienen die perlmuttverzierten Fußsohlen Buddahs: Auf 108 Tafeln werden buddhistische Tugenden und Symbole wie der Lotos gezeigt. In der Mitte dreht sich das ›Rad der Lehre‹.

Der Besucherstrom geht nun vorbei an vier porzellangeschmückten Chedis. Jede Stupa ist in einer anderen Farbe gehalten und dem Gedenken an einen der ersten Könige der Chakri-Dynastie gewidmet. Hinter dem Mauerdurchgang geht es zum *Bot*, der von Bronzelöwen auf einer Marmortreppe bewacht wird. In der Doppelgalerie um diese Kapelle sind etwa 400 Buddha-Statuen aus verschiedenen Epochen zu bewundern. Der Sockel des Baus ist geschmückt mit Sandsteinreliefs, die Szenen aus dem Ramakien-Epos schildern. In der ersten Hälfte des 19. Jh. eröffnete Rama III. im Wat Pho eine Art Volksuniversität, die der Bangkoker Bevölkerung Einblick in Literatur, Archäologie, Astrologie und Medizin geben sollte. Die traditionelle *Naturheilkunde* wird noch heute hier gelehrt. Interessierte Laien, auch westliche ›Langnasen‹, können in Kursen z. B. die Kunstfertigkeiten der Thai-Massage erlernen, etwa in der Wat Po Thai Traditional Massage School (Tel. 02/62 23 55 01, www.watpomassage.com).

Wer mehr Tempel sehen will, kann vom Pier Tha Thien mit der Fähre den Chao Phraya überqueren und gelangt so TOP TIPP auf dem kürzesten Weg zum **Wat Arun** 4 (tgl. 8–18 Uhr), dem Tempel der Morgenröte. Mit seinen fünf markanten *Prangs* gilt dieser Bau aus dem 19. Jh. als Wahrzeichen Bangkoks. Der elegante Turm in der Mitte wirft bei Sonnenuntergang seinen imposanten Schatten auf den Chao Phraya. Mit fast 100 m ist er der höchste Prang Thailands. Zur opulenten Baudekoration gehören Dämonen und Elefanten, Blumen und Blüten aus Millionen chinesischer Porzellansteinchen. Und wer seine Stufen – im-

Der Tempel der Morgenröte Wat Arun im romantisch-feurigen Abendschein

merhin gelten sie als die halsbrecherischsten im ganzen Königreich – emporklettert, um den fantastischen Blick auf die Altstadt zu genießen, der muss schwindelfrei sein. Nach hinduistisch-buddhistischer Philosophie befindet man sich hier oben übrigens auf dem Weltenberg Meru im Zentrum des Universums.

Auf den Klongs nach Thonburi

Die Fahrt durch **Thonburi** 5 mit einem öffentlichen *Longtail Boat* geht z. B. vom Pier Tha Chang ab und über den Klong Noi bis zur Endstation Ban Yai. Man kann aber auch am Tha Chang ein Boot mieten, zum Touristenpreis versteht sich. Der Ausflug in den höllisch lauten und bunten Flitzern vermittelt einen Einblick ins eher ländliche Bangkok – wo noch immer Marktfrauen mit hohen Strohhüten in ihren Paddelbooten von Bootssteg zu Bootssteg fahren und Gemüse verkaufen, wo Hausfrauen auf den Treppen der Holzpfahlbauten hocken und im Klongwasser das Geschirr oder sich selbst waschen, wo die Männer beim Angeln den

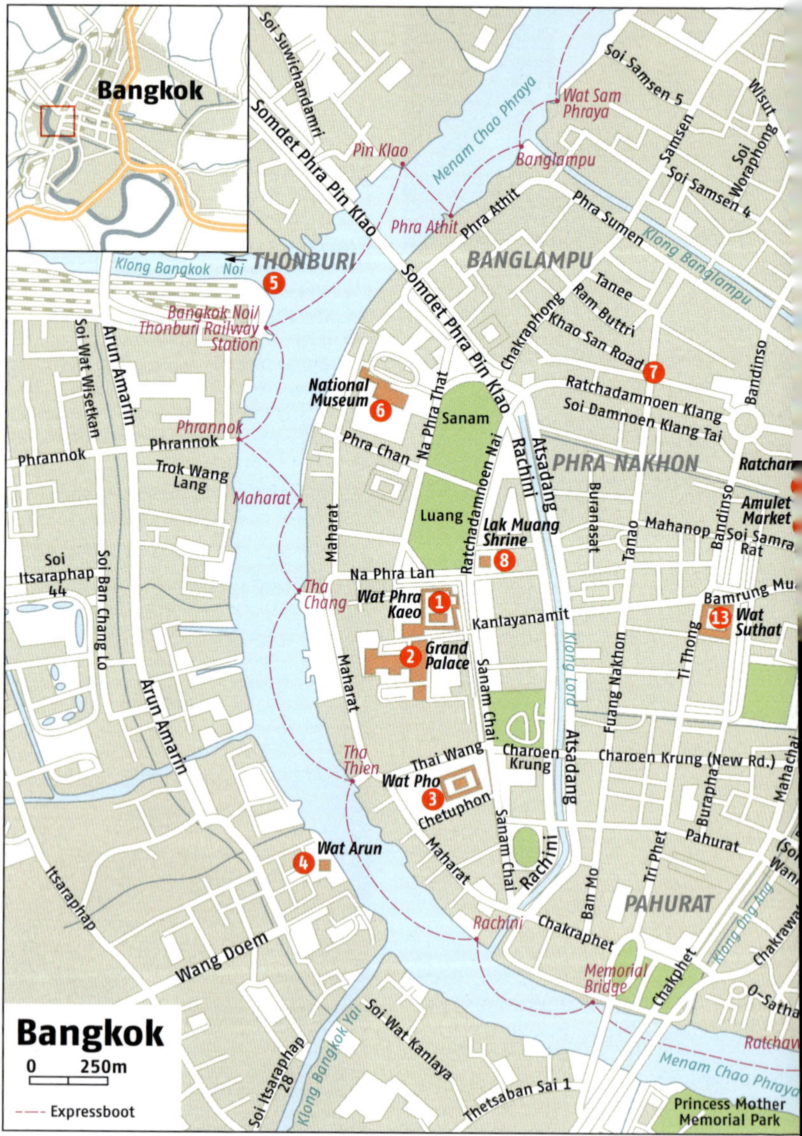

neuesten Dorfklatsch austauschen, wo Kinder mit Begeisterung in die braunen Fluten springen und betagte halbrunde Hausboote im Wasser schwanken. In so manchem alten Pfahlbau haben sich heute Pensionen etabliert, die ihren Gästen auch Koch-, Massage- oder Meditationskurse offerieren.

Schätze und Tempel, Schreine und Tänze

Wenn es über Mittag zum Sightseeing etwas zu heiß wird, kann man im **National Museum** 6 (Na Phra That Road, Mi–So 9–16, deutsche Führungen jeden Mi. und Do. um 9.30 Uhr) eine der größten Sammlungen zu Geschichte, Kunst und Kunsthandwerk in Südostasien besichtigen. In der einstigen Thronanwärter-Residenz, dem *Palace to the Front* (Wang Na) von 1782, werden traditionelle Wohnhäuser und Pavillons mit jahrhundertealtem Mobiliar gezeigt, ferner viele Buddha-Statuen in jeder Größe und Machart sowie Skulpturen und Architekturfragmente aus allen Epochen. Musikinstrumente und Tanzmasken, Schmuck und Münzen, Puppen und Waffen, Throne und Sänften, Keramiken und Silberwaren illustrieren die Lebenswelt. Besonders faszinierend sind die *Königlichen Kutschen* und prunkvollen haushohen *Begräbniswagen*.

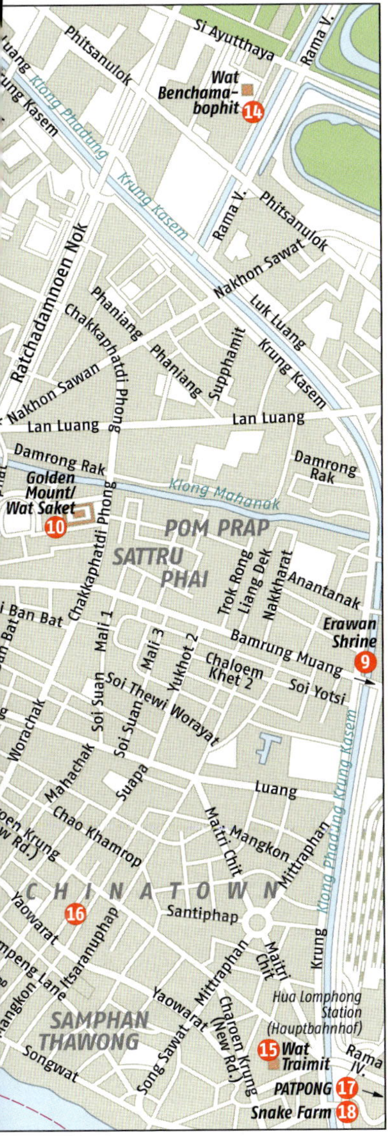

Das seit den 1980er-Jahren bei Rucksacktouristen beliebte Revier rund um die **Khao San Road** 7 im Viertel *Banglampu* bietet noch heute ein kunterbuntes Straßenbild, doch der Standard der Geschäfte, Restaurants und Hotels ist gestiegen, und es lässt sich hier nun entspannter denn je flanieren. Für Stärkung sorgen Kulinarisches und Cocktails aus aller Welt. Auch die benachbarten Straßen *Phra Athit* und *Tanao* mit ihren Cafés, Bars und Galerien lohnen einen Abstecher.

Unweit vom Wat Phra Kaeo, am riesigen ovalen Platz *Sanam Luang*, befindet sich der **Lak Muang Shrine** 8 (tgl. 5.30–19.30 Uhr), der offizielle Mittelpunkt Bangkoks, von dem aus alle Entfernungen gemessen werden. Am 21. April 1782 wurde hier der Grundstein der Stadt gelegt und mit einer Säule markiert. Da man ihr und dem hier wohnenden Schutzgeist Bangkoks die Macht der Wunscherfüllung nachsagt, wird in dem Tempel pausenlos geopfert: Die Gläubigen hängen Tüten mit Gaben um die verehrte Säule, andere kommen mit Schalen voller Baht-Scheine in den Händen und bekleben die Buddhastatuen und Elefantenfiguren mit Blattgold, bevor sie zum Gebet niederknien. Ein gläserner Kasten birst fast vor ›Wunschzetteln‹, Räucherstäbchen- und Lotosblüten-Duft erfüllt die Luft. Der Lak Muang Shrine bietet außerdem die Gelegenheit für Bangkok-Besucher, die keine der Folklore-Tanzshows am Abend besuchen wollen, klassische *Tanzdarbietungen* (tgl. 8–15.30 Uhr) zu erleben.

Das gleiche Programm hat der **Erawan Shrine** 9 (tgl. 6–23 Uhr) im Osten der Stadt gegenüber der Central World Plaza. An der Straßenecke Ratchadamri Road/

Eifrige Boten Buddhas – Mönche auf dem Golden Mount des Wat Saket

Rama I. Road herrscht ein ununterbrochenes Kommen und Gehen, die kostümierten Tänzerinnen verdrehen graziös ihre Finger, begleitet vom schrillen Pfeifen der Verkehrspolizisten. Die Gläubigen verharren bis in den späten Abend vor dem mit Blumengirlanden überhäuften Bildnis von Hindu-Gott Brahma.

Frühmorgens, wenn die Sonne noch nicht so stark brennt und der Smog die Sicht noch nicht verschleiert, ist der Aufstieg über 318 Stufen auf den **Golden Mount** ⑩ des **Wat Saket** (tgl. 8–17 Uhr) empfehlenswert. Das Panorama mit der Skyline Bangkoks ist von hier aus besonders eindrucksvoll. Der als Reliquienschrein fungierende *Goldene Chedi* auf dem künstlichen Hügel überragte ein Jahrhundert lang als einziges und höchstes Bauwerk die Stadt – bevor die Zeit der Wolkenkratzer anbrach. Im November findet auf dem Golden Mount ein Tempelfest statt, das zahlreiche Besucher anzieht. Dann ist auch das Innere des Chedi zugänglich.

TOP TIPP

Auf der anderen Seite des Klong Ong Ang liegt der **Wat Ratchanada** ⑪ (tgl. 8–17 Uhr). Die 1846 errichtete Tempelanlage ist bekannt wegen des 36 m hohen Loha Prasat mit seinen 37 metallenen Chedis. Der angrenzende **Amulet Market** ⑫ (tgl. 9–17.30 Uhr) mit seinen Ständen voll Glücksbringer und Statuen lädt zum Schlendern ein. Den gesegneten Anhängern mit Abbildern von Buddha, Hindu-Göttern oder Mönchen wird nachgesagt, dass sie Gefahren abwenden können. Ein weiterer Markt mit Amuletten, Kräutern und anderen religiösen Waren befindet sich weiter westlich zwischen dem *Wat Mahathat* mit seiner buddhistischen Universität [s. S. 132] und dem Chao Phraya. Ebenfalls interessant für Souvenirjäger ist die *Bamrung Muang Road* mit ihren zahlreichen Devotionaliengeschäften: In den Läden und auf dem Bürgersteig türmen sich riesige, in Folie eingeschweißte Buddha-Statuen in Gold und Lack.

Für Tempelinteressierte sind drei weitere Anlagen einen Besuch wert: Der **Wat**

Kindlein im Goldschein des Erleuchteten – Wat Suthat zur Betstunde

Suthat ⑬ (tgl. 9–17 Uhr, Haupteingang an der Bamrung Muang Road) mit schönen Wandmalereien aus dem Leben Buddhas, hervorragenden, z. T. von Rama II. selbst geschaffenen Holzschnitzarbeiten an Türen, Fenstern und Dächern, chinesischen Pavillons und Pagoden sowie einem Wandelgang voller vergoldeter Buddha-Statuen. Sehenswert ist ferner der 1899 von dem italienischen Architekten Hercules Manfredi errichtete **Wat Benchamabophit** ⑭ (nahe Rama V. Road, tgl. 8–17 Uhr). Hinter der Fassade aus Carrara-Marmor birgt er eine Sammlung asiatischer Bronze-Buddhas – eindrucksvolle Beispiele chinesischer, japanischer, indischer und tibetanischer Kunst. Der **Wat Traimit** ⑮ (Traimit Road, am südlichen Ende der Yaowarat Road, tgl. 9–17 Uhr) in Chinatown wiederum verwahrt einen 3 m hohen Buddha aus massivem Gold. Er zählt zu den bedeutendsten Kunstschätzen Thailands. Ursprünglich nahm man an, der rund 700 Jahre alte sitzende Buddha im Sukhothai-Stil bestehe ganz aus Gips. Ihren wahren Wert gab die Figur erst preis, als eines Tages beim Umräumen die Gipsumhüllung zersprang und darunter Gold zum Vorschein kam. Mit der Gipsverkleidung sollte der Koloss vermutlich vor plündernden Birmanen geschützt werden.

Chinesische Basaratmosphäre

Bangkoks **Chinatown** ⑯ (auch Yaowarat) erreicht man mit dem Expressboot bis zum Pier Ratchawong, dann geht man immer der Nase und den Gerüchen nach: Lagerhallen bersten beinahe vor Säcken mit Knoblauch, Kramerläden sind vollgestopft mit chinesischen Heilkräutern und ›potenzsteigernden‹ Wundermitteln aus Tigerpenis oder dem Horn von Nashörnern. Rotgoldene Tempel voller Weihrauch liegen zwischen dem Chao Praya und der *Charoen Krung Road*. Jeder zweite Geschäftsinhaber heißt Wang, die roten Ballonlampen vor den Türen und die meisten Ladenschilder tragen chinesische Schriftzüge. Ein Kaufrausch ist hier so gut wie unvermeidlich. Zirkusreife Türme aus Obst und Gemüse, Kisten und Kästen, Körbe und Waren aller Couleur überfluten sogar die Bürgersteige. Links werden getrocknete Shrimps und Haifischflossen gewogen, rechts ist ein Ohrenputzer am Werk, einer der ältesten Berufe in Asien. Ein alter Chinese sitzt seelnruhig an der Hauswand und malt goldene Schriftzeichen auf rotes Papier.

Chinatown-Getümmel mit viel Orange – Obstkarren und Taxis in der Yaowarat Road

Ganz Mutige stürzen sich ins Gewühl aus Passanten, Lastkarren und Garküchen in der *Sampeng Lane* (Soi Wanit 1) oder der Gasse Itsaranuphap. An deren nördlichem Ende gelangt man zum Hof des Tempels *Neng Noi Yee*, wo greise Männer hocken, die Zeitung lesen oder Mahjongg spielen. Dicke lachende Buddhas und chinesische Kaiserfiguren drängen sich in den Porzellangeschäften, und in zahllosen Schmuckläden wird eine überwältigende Fülle von Preziosen aus Gold und Jade angeboten. Wenn am Abend ganz Chinatown im Lichterglanz der Neonreklamen erstrahlt, sind die meisten dieser interessanten Läden allerdings schon geschlossen.

Die Amüsiermeile

Nackte Tatsachen präsentiert **Patpong** ⑰, das Rotlichtviertel zwischen Silom Road and Surawong Road. Es ist das bekannteste Amüsierviertel Bangkoks, weitere sind Nana Plaza (NEP) und Soi Cowboy um die Sukhumvit Road im Osten. Zu den exotischen Reizen von Patpong wurde man einst nur verstohlen und von Flüstern begleitet geschleust. Der eine oder andere Bargänger stellte am Morgen danach ernüchtert fest, dass seine

Der Tanz um die Stange – Patpong liefert reichlich Futter für gängige Thailand-Klischees

Baht-Barschaft plus Kreditkarte abhanden gekommen waren, dank gesalzener Getränkerechnungen, gewiefter Bardamen und langfingriger *Katoeys* (Transsexuelle, s. S. 70). Heute ist Patpong beinahe schon gesellschaftsfähig. Es bietet sogar einige exzellente Restaurants und beliebte Clubs mit Livemusik. Auf der Straße wuseln derweil zwischen den Ständen des *Patpong Night Bazaar* Busladungen von Touristen, stets im Visier aufdringlicher Schlepper der vielen Gogobars. Aus diesen Etablissements dröhnt laute Musik, die Mädchen rutschen mit mehr oder weniger lasziven Bewegungen die Tanzstange hoch und runter und gähnen dabei schon mal zu vorgerückter Stunde.

Schlangen, Krokodile und Mini-Thailand

Nun ein Szenenwechsel: Beim Besuch der **Snake Farm** 18 (Thai Red Cross Institute, Rama IV Road, westlich des Hauptbahnhofs, Tel. 02/252 01 61, Mo–Fr 8.30–16.30, So/Fei 8.30–12 Uhr), die zum *Queen Saowapha Memorial Institute* gehört, kann man bei Schlangenvorführungen (Mo–Fr 11.30, 14.30, Sa/So 11.30 Uhr) beobachten, wie bei verschiedenen Kobra- und Vipern-Arten das Gift gemolken wird.

Die **Crocodile Farm and Zoo** (777 Taiban Road, tgl. 9–18 Uhr, Fütterungszeit 16.30–17.30 Uhr) bei *Samut Prakan* 30 km südöstlich von Bangkok soll die größte der Welt sein – mit 60 000 Krokodilen: Einige sieht man in der Show-Arena oder als Babies im Zuchtbecken. Außerdem gibt es hier ein Dinosauriermuseum und regelmäßig Elefanten-Shows.

Ganz in der Nähe, 4 km weiter auf dem Highway 3, liegt **Muang Boran** (Old Sukhumvit Highway, km 33, tgl. 8–18 Uhr), die Ancient City. 1963–72 entstand dieser herrliche Park mit künstlichen Seen und Bergen, in dem alle berühmten Bauwerke Siams en miniature versammelt sind.

i Praktische Hinweise

Information

Tourism Authority of Thailand (TAT), 1600 New Phetchaburi Road, Makkasan, Ratchathevi, Bangkok, Tel. 02/250 55 00, www.tourismthailand.org, www.bangkok.com. Beim *Bangkok Metropolitan Tourist Office* (unter der Phra-Pin-Klao-Brücke, an der 17/1 Phra Athit Road, Tel. 02/2257612) bekommt man Broschüren und kann kostenlos Räder ausleihen (Reisepass vorlegen).

Flughäfen

Suvarnabhumi Bangkok Airport, 25 km östlich von Bangkok, Tel. 02/ 132 18 88, Fluginfos, Tel. 02/132 00 00, www.bangkokairportonline.com. Verbindung in Richtung Bangkok mit Bussen wie Airport Express oder Shuttle ins Zentrum und zu den Hotels. Der Schnellzug *Suvarnabhumi Airport Link* verkehrt vom Bahnhof Makkasan bis zum 28 km entfernten Airport (15 Min.).

Bangkok Don Muang Airport, nordwestlich von Bangkok, www.donmuangairportonline.com. Inlandsflüge. Fahrtzeit zwischen beiden Flughäfen ca. 60 Min.

Skytrain und Metro

BTS Skytrain, www.bts.co.th, tgl. 6–24 Uhr. Die Hochbahn, z.T. auf der Basis von Siemens-Technik entwickelt, rauscht in zwei Linien mit ca. 30 Stationen über die Innenstadt hinweg. Die Sukhumvit Line verläuft in nördlicher und östlicher Richtung, vom Chao Phraya entlang der Sukhumvit Road bis zum Chatuchak Markt. Die Silom Line erschließt z. B. Silom und Sathon Road sowie den Central Business District.

Bangkok Metro Blue Line, www.bangkokmetro.co.th, tgl. 6–24 Uhr. Die offiziell *Mass Rapid Transit (MTR)* genannte U-Bahn fährt vom Hauptbahnhof Hua Lamphong zu den wichtigsten Punkten der City. Es bestehen drei Umsteigemöglichkeiten zum Skytrain.

Bus

BMTA, www.bmta.co.th. Unter der Rubrik Travel Guide (www.bmta.co.th/en/travel.php) findet man alle wichtigen Ziele in Bangkok mit aktuellen Busanschlüssen verzeichnet. Es gilt jedoch zu bedenken, dass die Busse trotz eigener Fahrspuren oft im Stau stehen.

König Bhumipol – die Seele der Nation

Der König, *Nai Luang* – unser König, wie die Thai sagen, ist allgegenwärtig im thailändischen Alltag. Sein Antlitz schmückt nicht nur die Geldscheine und viele Fassaden im ganzen Land, das Porträt von **Bhumipol Adulyadej** hängt in jedem Büro, in jeder Garküche und sogar in den Hütten der Bergstämme im abgelegenen Norden.

1946 bestieg Bhumipol nach dem Tod seines Bruders Ananda den thailändischen Thron. Seitdem geleitet er das Land durch die Höhen und Tiefen seiner gesellschaftlichen und politischen Entwicklung. Anders als in Großbritannien ist eine Diskussion über die Abschaffung der konstitutionellen **Monarchie** für die Thai völlig undenkbar.

Die **Chakri-Dynastie** herrscht seit 1782, König Bhumipol ist der 9. Rama. Thailands König wurde 1927 in den USA geboren und studierte in der Schweiz. Er gilt als intelligent, kreativ und weise: Der Monarch hält Vorträge über buddhistische Philosophie, über verschiedene Bewässerungstechnologien und Broadway Musicals – und das in fünf Sprachen (auch Deutsch).

Seine Majestät hat sich auch als Autor, Übersetzer, Maler, Musiker und Sportler hervorgetan, er war passionierter Saxophonspieler und Segler. Zugleich reiste er viel und kam auch in die entlegensten Winkel seines Landes. Sein Engagement galt stets den Unterprivilegierten, insbesondere den Bergvölkern. Er initiierte etwa 1000 Entwicklungsprojekte, vor allem im Bereich der Landwirtschaft. Für sein entwicklungspolitisches Engagement wurde er mit vielen Auszeichnungen bedacht, die UN verlieh ihm den Human Development Lifetime Achievement Award.

Seine große **Popularität** verdankt Bhumipol auch seiner politischen Autorität und Weitsicht. Oft reichte ein Machtwort von ihm aus, um Staatskrisen oder Militäreinsätze zu beenden, und er überstand zahlreiche Staatsstreiche. 1973 ließ er die Tore des Grand Palace öffnen, um demonstrierenden Studenten Schutz vor den Truppen der Militärdiktatoren zu gewähren. Die blutigen Unruhen von 1992 beendete Bhumipol, indem er die politischen Kontrahenten zu sich befahl: Demütig und auf Knien näherten sich beide ihrem König vor laufenden TV-Kameras.

2006 wurde König Bhumipols 60-jähriges **Thronjubiläum** mit vielen landesweiten Feierlichkeiten begangen. Heute ist er das am längsten amtierende Staatsoberhaupt der Welt und der ›dienstälteste‹ Monarch in der Geschichte Thailands.

Bahn

Bangkok Railway Station Hua Lamphong, 1 Rongmuang Road, Rongmuang, Pathumwan, Tel. 02/222 0175, www.railway.co.th. Von Bangkoks Hauptbahnhof fahren Züge der State Railway of Thailand (SRT) in alle Ecken des Landes. Auch der Eastern & Oriental Express hält hier.

Expressboot

Chao Phraya Express Boat, Tel. 02/623 60 01-3, www.chaophrayaexpressboat.com, tgl. 6–19/20 Uhr. Die Expressboote verkehren auf dem Flussbogen der City und mit ihnen kann man die wichtigsten Sehenswürdigkeiten schnell erreichen (z. B. Grand Palace und Wat Pho, Chinatown, Wat Arun, Thonburi). Im Angebot sind auch Bootscharter und Tagestouren zu Sehenswürdigkeiten außerhalb Bangkoks.

Tuk-Tuk

Tuk-Tuk-Fahren ist wie Kamikaze im Autoscooter. Die rund 7000 Dreiradtaxis sind gleichwohl die beliebteste Fortbewegungsart für Touristen in Bangkok. In der Rushhour ist vom Tuk-Tuk allerdings abzuraten. Zum Fahrpreis: Entweder man erfragt ihn an der Hotel-Rezeption oder man legt die Strecke zuerst per Taxi (mit Taxameter = *Meter*) zurück, um die oft geforderten Fantasiepreise der Tuk-Tuk-Fahrer beurteilen und anschließend auf die angemessene Summe herunterhandeln zu können: Ein Tuk-Tuk sollte auf keinen Fall mehr als ein Taxi kosten.

Stadtrundfahrten

Sightseeing aller wichtigen Attraktionen mit Doppeldecker-Bus (mehrmals tgl. Start gegenüber dem Grand Palace).

Radtouren in Bangkok.Recreational Bangkok Biking bietet besonders bei deutschen Touristen beliebte (englischsprachige) Halbtages-Radtouren durch Bangkok an und Zwei-Tagestouren im Umland (Tel. 02/2853955, mobile: +66/81-1705906, www.bangkokbiking.com).

Klong Touren

Vom Pier an der River City, vom Pier Tha Chang nahe dem Grand Palace und vom Pier am Mandarin Oriental Hotel starten regelmäßig Longtail Boote zu den Sehenswürdigkeiten entlang des Chao Phraya, Klong Noi und Klong Yai. Weitere Angebote wie Halbtagestour zur Töpferinsel Ko Kred in Nonthaburi sind über Hotels oder Reiseagenturen buchbar.

Einkaufen

Einkaufen lässt sich am angenehmsten in den **Plazas** rund um Rama I. Road (Siam Square, Siam Centre, Siam Discovery, Siam Paragon, MBK), Ploenchit Road, Ratchaprasong (Central World, Gaysorn Plaza, Erawan, Amarin Plaza, Platinum Mall, All Seasons Place), Sukhumvit Road (Robinson, Emporium, H1) und Silom Road (Silom Village, Silom Plaza).

Gaysorn Plaza (999 Ploenchit Road, www.gaysorn.com) versammelt exklusive Designershops.

Narayana Phand Pavilion (Ratchadamri Road, nahe Rama I. Road.) bietet auf zwei Stockwerken Edelsteine, Souvenirs, Kleidung und Kunsthandwerk.

River City (Yota Road, www.rivercity.co.th) verfügt über ein großes Angebot an Textilien und Antiquitäten.

Siam Paragon (www.siamparagon.co.th) ist ein Einkaufs- und Erlebnisparadies mit 250 Läden, zahlreichen Restaurants und Kinos. Glanzlicht ist das große Aquarium *Siam Ocean World*.

TOP TIPP **Chatuchak Weekend Market**, Phahon Yothin Road, Skytrain bis Endstation Mo Chit, Metro bis Suan Chatuchak, Sa/So 6–18 Uhr. Ein Labyrinth aus Gassen und Gängen, Gedränge überall. Bis zu 15 000 Stände mit Töpferwaren, Seide, Insekten fressenden Pflanzen, religiösen Gegenständen, Antiquitäten, Schmuck und jeder Menge Schnickschnack. Hier gehört übrigens *peng pai* (zu teuer) und *mi rot noi mai?* (gibt es einen kleinen Preisnachlass?) zum Verhandlungs-Vokabular – immer mit einem kleinen Lächeln, versteht sich.

An **Chinatown** (Yaowarat, s. S. 27) grenzt **Phahurat**, das traditionelle indische Viertel, auf dessen Markt vor allem Textilien gehandelt werden.

Schwimmende Märkte

Vom **Taling Chan Floating Market** (Sa/So 9–17 Uhr) im Nordwesten Bangkoks, dem größten seiner Art, kann man per gemietetem Longtail Boot die recht authentischen Schwimmenden Märkte Klong Lat Mayoum und Wat Sapan besuchen (weitere Floating Markets als Tagesausflug, s. S. 33)

Sunset und Dinner Cruises

Manohra Cruises, Manohra Cruise Pier, beim Bangkok Mariott Resort & Spa, Tel. 02/477 07 70, www.manohracruises.

Boxen mit Kicks und Kniffen – Muay Thai im Ring des Lumpini Stadions

Muay Thai – erlaubt ist fast alles

Muay Thai, das thailändische Kickboxen, wurde vor über 2000 Jahren aus **China** eingeführt, wo es seinen Ursprung auf den Schlachtfeldern hatte. Ehe es heutzutage in den Stadien zur Sache geht, huldigen die Boxer ihrem Trainer: Die ballettähnlichen Schritte und pantomimischen Gesten werden begleitet von den für westliche Ohren schrägen Klängen eines klassischen Drei-Mann-Orchesters. Natürlich dürfen hier die Geister nicht fehlen: In jeder Ecke des Ringes werden sie auf Knien oder mit Fäusten beschworen, die Kampfstätte zu verlassen. *Ram muay* nennen die Thai diesen **Boxtanz**, bei dem die Kämpfer ein magisches Amulett um den Arm und eine Kordel um die Stirn tragen. Nach solcherart Vorspiel ertönt der Gong: In **5 Runden à 3 Min.** umklammern sich die Kämpfer, treten mit Füßen und Knien nacheinander, fast alles ist erlaubt, nur Beißen, Spucken und Ringen sind verboten. Besonders gefürchtet: der (erlaubte) Fußkick in die Nieren oder der Kniestoß an das Kinn des Gegners.

Lumpini Stadium, Rama IV. Road, Tel. 02/252 87 65. Kämpfe Di, Fr 18.30, Sa 17, 20.30 Uhr

Ratchadamnoen Stadium, Ratchadamnoen Nok Avenue, Tel. 02/281 42 05. Kämpfe Mo, Mi 18, Do 17, 21, So 16, 20 Uhr

com. Bootsfahrten mit Reisbarken auf dem Chao Phraya als Sunset-, Dinner- oder Overnight-Touren (mit Übernachtung an Bord, s. S. 134) sind die stimmungsvollste Form der Besichtigung. Passagiere können am Mandarin Oriental, Taksin oder Peninsula Hotel Pier zusteigen. Zum Dinner (tgl. 19.30–22 Uhr, Reservierung empfohlen) wird ein mehrgängiges Thai-Menü serviert.

Dinner mit Tanzshow

Sala Rim Naam, Mandarin Oriental Hotel, 48 Oriental Avenue, Charoen Krung, Bangkok, Tel. 02/659 90 00, www.mandarinoriental.com (tgl. 19–22 Uhr).

Sala Thai, Indra Regent Hotel, 120–126 Rajaprarop Road, Bangkok, Tel. 02/208 01 55, www.indrahotel.com (tgl. 19–21.30 Uhr)

Sawasdee Classical Dance & Restaurant, 66 Soi Phiphat Sathorn Road, Bangrak, Bangkok, Tel. 02/237 63 10 (tgl. 19–21.30 Uhr)

Nachtleben

Bamboo Bar, Mandarin Oriental Hotel, 48 Oriental Avenue, Bangkok, Tel. 02/659 90 00. Das legendäre Etablissement gilt als beste Bühne für Jazz in der Metropole (Fr/Sa 11–2, So–Do 11–1 Uhr).

Bed Supper Club, 26 Soi Sukhumvit 11, Klong Toey Bangkok, 02/651 35 37, www.bedsupperclub.com. Restaurant, Kunstgalerie und hippe Party Szene mit fetziger Musik in einer Art Raumschiffröhre.

Saxophone Pub, Victory Monument, Phyathai Road, Bangkok, Tel. 02/246 54 72. Bei fetziger Livemusik, Jazz (Mo–Mi) und Blues (Do–Fr), wird gutes Essen serviert.

Sky Bar und Sirocco Restaurant, State Tower, 1055 Silom Road, Skytrain-Station Surasak, Reservierung (Restaurant): 02/624 95 55, www.lebua.com. Richtig luftig (und teuer) wird es im 63. Stock. Eine Etage höher liegt die elegante Bar *Distil*. Hier sind die Sterne zum Greifen nah – wenn man sich an den Dress Code hält: keine Flip Flops und Männer-Sandalen!

Q Bar, 34 Sukhumvit Soi 11, Klongtoey, Bangkok, Tel. 02/252 32 74, www.qbarbangkok.com. Hip Hop , House, R & B, African in Polster-Ambiente.

Hotels

TOP TIPP **Banyan Tree,** 21/100 South Sathon Road, Bangkok, Tel. 02/679 12 00, www.banyantree.com. Atembe-

Wie im Weltraum – Sternstunden auf der Dachterrasse des Banyan Tree hoch über der Stadt

raubend ausgestattetes Wolkenkratzerhotel der Superlative, u. a. mit Vertigo-Grill & Moon Bar, dem beste Aussichten verheißenden offenen Dachrestaurant im 61. Stock, und schöner Spa-Abteilung.

Centara Grand (at Central Plaza Ladprao), 1695 Paholyothin Road, Bangkok, Tel. 02/541 12 34, www.centarahotelsresorts.com. Das etwas abgelegene Hotel der thailändischen Centara-Kette, originell ist die Badewanne im Zimmer, im Garten gibt es einen Pool im Garten, bietet sich für Shopaholics an – der Chatuchak-Wochenendmarkt liegt in Sichtweite (eine U-Bahnstation), das Central Plaza Shopping Center gleich nebenan.

Conrad Bangkok, 87 Wireless Road, Phatumwan, Bangkok, Tel. 02/690 99 99, www.conradhotels.com. Edler Schick zwischen Seide, Bambus, schmucken Hölzern und Hightech. Mit Jazz Bar und Nachtklub 87 Plus.

La Résidence, 173/8–9 Suriwongse Road (Ecke Soi Anumanrajdhon 1), Bangkok, Tel. 02/233 33 01, www.laresidencebangkok.com. Kleines Boutique-Hotel in der Nähe des Silom-Bezirks: Niedliche Zimmer mit Blümchen- oder Streifentapete, jedes mit innenarchitektonischem Pfiff.

TOP TIPP **Mandarin Oriental**, 48 Oriental Avenue, Charoen Krung (New Road), Bangkok, Tel. 02/659 90 00, www.mandarinoriental.com/bangkok. Auf den Spuren Somerset Maughams und Joseph Conrads – stilecht in der Author's Lounge im alten Teil der Anlage. Auch der moderne Anbau bietet Luxus ohne Ende.

Millennium Hilton, 123 Charoennakorn Road, Klongsan, Bangkok, Tel. 02/442 20 00, www.bangkok.hilton.com. Seit 2006 unter der Flagge Hiltons, thront das markant-futuristische Hochhaushotel (allein die Lobby hat hier 12 Stockwerke…) mit Fünf-Sterne-Komfort und einem spektakulären Rundum-Panorama im Restaurant-Bar ›360 Grad‹ im 32. Stock.

New World City Hotel, 2 Samsen Road, Banglamphu, Bangkok, Tel. 02/281 55 96, www.newworldlodge.com. Hotel am Klong. Die 171 sachlich ausgestatteten Zimmer haben alle Balkon. Mit Thai-Restaurant, Café-Terrasse, Fitness Center.

Rembrandt Hotel & Towers, 19 Sukhumvit, Soi 18, Klong Toei, Bangkok, Tel. 02/261 71 00, www.rembrandtbkk.com. Elegantes Tophotel mit 407 Zimmern, Pool und Cuisine von Thai bis Italienisch.

Silom Serene, 7 Soi Pipat (Silom Soi 3), Silom Road, Bangkok, Tel. 02/636 65 94, www.silom-serene.com. Kleines, behagliches Hotel mit 86 Zimmern nahe der Shoppingmeile, sehr gute Thai-Küche.

Viengtai Hotel, 42 Rambuttri Road, Banglampu, Bangkok, Tel. 02/280 54 34, www.viengtai.co.th. Modernes Hotel im Herzen Bangkoks unweit der Khao San Road mit 200 freundlichen Zimmern und Pool.

Westin Grande Sukhumvit, 59 Sukhumvit Road, Soi 19, Tel. 02/207 80 00, www.westin.com/bangkok. Zentral gelegene Luxusherberge mit Pool, umgeben von U-Bahn, Skytrain, Shoppingcentern und Restaurants.

Restaurants

Baan Khanitha, 36/1 Sukhumvit Soi 23, Sukhumvit Road/Soi Prasanmit, Bangkok, Tel. 02/258 41 28, www.baan-khanitha.com. Wegen seiner qualitätvollen Speisen wurde es mehrfach als bestes Thai-Restaurant ausgezeichnet. Die Zweigstelle: **Baan Khanitha & Gallery**, 69 South Sathorn Road, Tel: 02/675 42 00 (beide: tgl. 11.30–14.30 und 18–23 Uhr).

Blue Elephant, 233 South Sathorn Road (Sykytrain: Surasak Station), Bangkok, Tel. 02/673 93 53, www.blueelephant.com/bangkok. Thai-Köstlichkeiten in schöner Teak-Villa zu Füßen der Wolkenkratzer. Auch eine Kochschule gehört dazu. **Harmonique**, 22 Charoen Krung Road 34, Bangkok, Tel. 02/237 81 75. Verstecktes Lokal mit Plätzen im Freien. Thailändische Speisen, viele Antiquitäten (Mo–Sa 11–22 Uhr, Reservierung empfohlen).

Hemlock, 56 Phra Arthit Road, Banglampu, Bangkok, Tel. 02/282 75 07. Preiswertes Thai-Lokal, angenehme Atmosphäre, viele junge Gäste (Mo–Sa 18–2 Uhr).

Maenam Terrace, Shangri-La Hotel, Charoen Krung Road, Bangkok, Tel. 02/236 77 77. Seafood in allen Variationen zum Sonnenuntergang am Chao Praya (tgl. 19–22.30 Uhr).

TOP TIPP **Methavalai Sorndaeng**, 78/2 Ratchadamnoen Klang Road, (am Democracy Monument), Pranakorn, Bangkok, Tel. 02/221 23 78. Diese Restaurant-Institution überzeugt mit elegantem Ambiente, aufmerksamem Service und preiswerter thailändisch-chinesischer Küche. Abends mit Live-Entertainment (tgl. 10.30–23 Uhr).

The Whole Earth, 71 Sukhumvit Road Soi 26 (Soi Aree), Bangkok, Tel. 02/258 49 00, und 93/3 Soi Lang Suan, Ploenchit Road, Bangkok, Tel. 02/252 55 74. Die beiden renommierten Restaurants bieten Vegetarisches und andere Köstlichkeiten aus Thailand und Indien (tgl. 11.30–14 und 17.30–22.30 Uhr).

2 Damnoen Saduak

Wo die Marktfrauen von Booten aus ihre Waren vertreiben.

Damnoen Saduak liegt etwa 110 km südwestlich von Bangkok und ist Ziel vieler Reisegruppen, die ab etwa 9 Uhr die Brücken über den Kanälen bevölkern, ausnahmslos für ein pittoreskes Spektakel mit Kameras bewaffnet. Der *Schwimmende Markt* (tgl. 8–11 Uhr), auf dem die geschäftstüchtigen Bootsfrauen längst mehr Souvenirs als Gemüse verkaufen, wird von allen Seiten abgelichtet. Die Touristen lassen sich während der Besichtigung in Longtail Booten zwischen den Marktfrauen herumfahren. Der eigentliche Markt, einige hundert Meter weiter gelegen, beginnt bereits bei Sonnenaufgang und ist zumeist gar nicht einmal so überlaufen. Von der Brücke und den Marktständen am Ufer lässt sich das bunte Treiben rund um die Ladenboote und schwimmenden Garküchen gut beobachten. Frisches Obst und Gemüse stapeln sich auf den Kähnen, die Bootsführerinnen tragen große Strohhüte als Sonnenschutz – ganz wie vor 100 Jahren.

Ein ursprünglicherer Markt, der **Tha Kha Floating Market** (Sa/So 6–12 Uhr), wird 10 km weiter südlich abgehalten und man kann sich mit Booten auf den idyllischen Kanälen zwischen Obstplantagen herumfahren lassen. Zu einem besonders spannenden Markt namens *Talad Romhup* in **Mae Klong-Amphawa** (Provinz Samut Songkram), der direkt am Bahngleis liegt, fährt man von Tha Kha mit dem Auto (etwa 13 km). Oder man nimmt morgens oder mittags den Bummelzug vom Bahnhof Baan Laem im Südwesten Bangkoks beim Mahachai-Fisch-Markt. An Wochenenden zieht es vorwiegend Thais gegen Abend zum **Amphawa Floating Market** mit seinen zahlreichen Ess- und Naschständen und den Imbiss-Booten (Touren über SKR, Tel. 02 21/93 37 20, www.skr.de).

Boote voller Farbe oder Früchte im Fluss – der Floating Market von Damnoen Saduak

3 Ayutthaya

Willkommen in den Ruinen einer der größten Metropolen der alten Welt!

Im Jahr 1991 ernannte die UNESCO die alte Königsstadt **Phra Nakhon Si Ayutthaya** zum Weltkulturerbe. Sie besteht aus den Palast- und Tempelruinen, die die Birmanen bei ihrem Zerstörungsfeldzug 1767 zurückließen. Ab 1956 wurden einige Bauwerke wiederhergestellt. Um dieses historische Stadtzentrum, das wie auf einer Insel zwischen den Flussarmen liegt, hat sich das *moderne* Ayutthaya entwickelt – eine typisch thailändische Stadt ohne große Sehenswürdigkeiten. Die meisten Urlauber besuchen Ayutthaya als Tagesausflug von Bangkok aus, es liegt 76 km (2 Std. Bahnfahrt) nördlich der Hauptstadt. Wer an thailändischer Geschichte und Tempelbaukunst Interesse hat, sollte sich jedoch durchaus zwei bis drei Tage Zeit für die Besichtigung Ayutthayas nehmen. Am besten erkundet man das weitläufige Gelände per Fahrrad.

Geschichte König U-Thong (Thibodi I.) gründete Ayutthaya im Jahr 1350 am Ufer des Chao Phraya. Der Ort war strategisch günstig gewählt: Drei Flüsse und ein Kanal sowie 20 m hohe und 5 m dicke Befestigungsmauern umgaben die neue Hauptstadt und schirmten sie, einer Insel gleich, von der Außenwelt ab. Die regelmäßige Überflutung des tiefer gelegenen Umlandes sorgte für üppige Reisernten und schloss eine längere Belagerung der Stadt durch Feinde aus. Für 417 Jahre war Ayutthaya eine der blühendsten Königs- und Handelsstädte Südostasiens. Hier residierten 33 thailändische Könige aus fünf Dynastien. Von hier aus herrschten die Thai im 15. Jh. über das Khmer-Reich in Kambodscha. Kaufleute aus Portugal, Holland, Frankreich und England siedelten sich im 16. Jh. in den Vororten der reichen Königsstadt an und errichteten Dependancen ihrer Handelsgesellschaften. Mehr als 1 Mio. Bewohner sollen zur Blütezeit um 1650 in ihren Mauern gelebt haben, und in ihren fast 400 Tempelanlagen wurden immense Kunstschätze aufbewahrt.

Die Königlichen Bibliotheken Ayutthayas bargen alle wichtigen Dokumente zur Geschichte Siams – bis 1767. Damals überfielen die Birmanen die Königsstadt und

legten viele Gebäude in Schutt und Asche. Alle Holzbauten brannten nieder, darunter auch die Bibliothek. Mit ihr ging ein bedeutender Teil der *Geschichtsschreibung* Thailands verloren, insbesondere aus der Zeit vor dem 14. Jh. Außerdem sind die Thailänder überzeugt, dass die Birmanen das aus Ayutthaya geraubte Gold für die Restaurierung und Verschönerung der *Schwedagon-Pagode* in Rangun (Yangon) verwendeten.

Besichtigung Um einen Überblick über die Entstehungsgeschichte und Bedeutung der Königsstadt und ihrer zahlreichen Bauwerke zu gewinnen, empfiehlt sich der Besuch im südlich vom Rama Lake gelegenen **Ayutthaya Historical Study Centre** 1 (Rochana Road, Mo–Fr 8.30–16.30, Sa/So 8.30–17 Uhr). Das Nationale Archäologische Forschungszentrum umfasst zudem ein Museum, dessen interessante Sammlungen die Geschichte der Königs- und Hafenstadt in allen Aspekten bis hin zum Alltagsleben beleuchten, auch anhand von Karten und Modellen.

Der Baustil der ersten Anlagen in Ayutthaya war stark durch die Baukunst der **Khmer** beeinflusst: Die einstige Hochkultur im heutigen Kambodscha war von den siamesischen Herrschern aus Ayutthaya unterworfen worden. Und die Thai behielten den Baustil der Khmer bei. Charakteristisch für die frühe Ayutthaya-Architektur ist daher der **Prang**, ein Turm

Oben: *Turm, Dame, König – wie Schachfiguren stehen die Ruinen des Wat Mahathat im Herzen der alten Königsstadt Ayuatthaya*

Unten: *Der Buddha mit Schärpe setzt Farbtupfer in den würdevollen Wat Mahathat*

Rasante Raumschiff-Architektur mit Startrampe – der Wat Ratchaburana (15. Jh.)

über einem hohen gestuften Unterbau mit Cella. Für die erst hinduistisch-, später buddhistisch-gläubigen Khmer galt der Prang als Sinnbild des heiligen Berges Meru. Dieser ist Mittelpunkt des hinduistisch-buddhistischen Universums, Wohnsitz der Götter und Weltenachse. Am Prang wird der Einfluss der Khmer-Kunst in der Ayutthaya-Epoche am deutlichsten. Die siamesischen Bauherren haben den Tempelturm auf einen höheren Sockel gestellt, etwas ›gestreckt‹, reichhaltiger verziert und mit steilen Treppen in die vier Himmelsrichtungen versehen.

Die Vielzahl an Bauwerken und Ruinen in Ayutthaya ist überwältigend, deswegen wird hier eine Auswahl der bedeutendsten und schönsten präsentiert.

Der **Wat Mahathat** 2 östlich vom Teich des Phra Nam Park entstand um 1380 und ist damit eine der ältesten Bauten Ayutthayas. Der einst 46 m hohe Turm im Zentrum der Anlage, die im Laufe der Zeit mehrfach erweitert wurde, ist von zahlreichen Prangs und glockenförmigen Chedis aus unterschiedlichen Stilepochen umgeben. In den Trümmern der Tempel wurden anlässlich der Wiederherstellung einige Buddhas, Reliquien und Schmuckstücke gefunden, die heute im Chao Sam Phraya National Museum zu sehen sind.

Gegenüber erblickt man den **Wat Ratchaburana** 3, die Ruine eines Klosters aus dem frühen 15. Jh. mit einem restaurierten stuckverzierten Prang, einigen schönen Buddha-Statuen und Wandmalereien mit buddhistischen Motiven. Auch hier fanden die Archäologen ein Versteck mit Gold, Silber und Juwelen, das die Birmanen bei ihrer Plünderung übersehen hatten. All diese Preziosen kann man im **Chao Sam Phraya National Museum** 4 (Si San Phet Road/Rochana Road, Mi–So 9–16 Uhr) von Ayutthaya

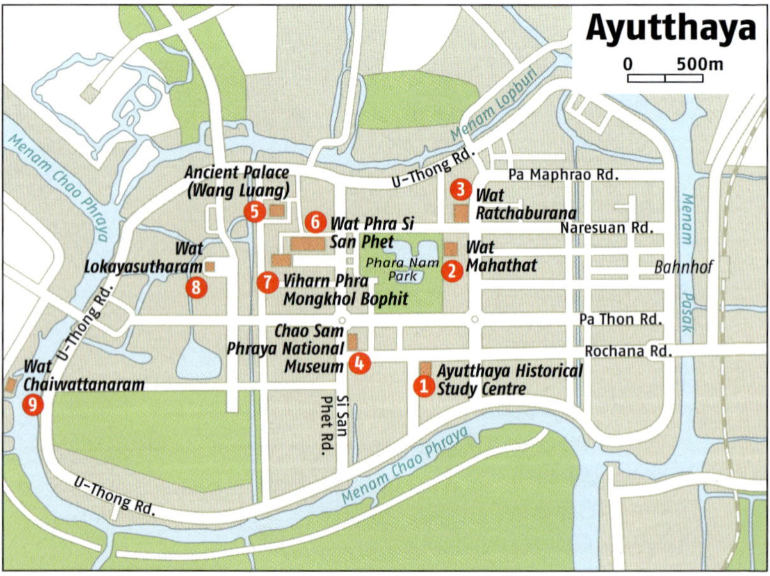

bewundern, wo auch Buddha-Statuen, Holzreliefs und Goldschmuck aus der Region präsentiert werden.

Der von König U-Thong in Auftrag gegebene **Ancient Palace** 5 (Wang Luang) von 1350 gehört zu den wichtigsten Baukomplexen in Ayutthaya. Von den meisten aus Ziegelstein errichteten Pavillons, Türmen und Versammlungshallen blieben nur Grundmauern und Pfeiler übrig. Was die Birmanen nicht zerstörten, ließen die Thai als Baumaterial für Projekte nach Bangkok transportieren. Man braucht Fantasie, sich angesichts des Rasengeländes die monumentale Palastanlage so vorzustellen, wie sie das *Modell* im Historical Study Centre [s. S. 35] rekonstruiert. Der Komplex umfasste goldverzierte Empfangshallen, blühende Gärten, Terrassen und Pavillons, die als Kulisse für königliche Bootsprozessionen, Militärparaden und Elefantenaufmärsche dienten. Es gab sogar einen Turm mit Observatorium, von dem aus noch im 19. Jh. König Mongkut die Sterne beobachtete.

Auf dem Gelände des Ancient Palace dominieren heute die drei ursprünglich weißen Chedis des **Wat Phra Si San Phet** 6 mit ihrer typischen Glockenform, die der ceylonesischen Architektur entlehnt wurde. Die beiden östlichen wurden 1492 von König Ramathibodi II. erbaut. Im Inneren der Chedis wird die Asche von drei Königen aufbewahrt, die von Ramathibodi selbst befinden sich im westlichen Chedi. Im 16. Jh. nutzten die siamesischen Könige den Wat als Andachtsstätte. In diesem Kloster wohnten wie im Wat Phra Kaeo in Bangkok niemals Mönche. Die Anlage wurde 1956 wiederhergestellt.

Südlich davon, im **Viharn Phra Mongkhol Bophit** 7, thront eine der größten bronzenen Buddha-Statuen Thailands. Die aus dem 15. Jh. stammende Figur wurde bei der Zerstörung Ayutthayas ebenfalls stark beschädigt. Erst bei der Restaurierung 1956 wurde der Viharn auf den Grundmauern der alten, 1767 niedergebrannten Kapelle wiedererrichtet. Am benachbarten Parkplatz wartet ein großer Markt mit Souvenirs und Speisen auf Kunden.

Wendet man sich nun nach Westen, kommt bald der 29 m lange ruhende Buddha des **Wat Lokayasutharam** 8 in Sicht: Die Figur aus Ziegelsteinen und

Die zierlichen Chedis des Wat Phra Si San Phet gleichen gigantischen Tischglocken

Gips liegt heute pittoresk im Freien, da das Kloster bis auf die Grundmauern und einige Säulenstümpfe abbrannte.

Außerhalb der Altstadt beeindruckt im Süden der imposante **Wat Chaiwattanaram** 9 – eine Klosteranlage im Khmer-Stil, die an Kambodschas Angkor Wat, die größte Tempelanlage der Welt, erinnert. König Prasat Thong ließ die Anlage 1630 auf Grundbesitz seiner Mutter errichten. Auf einer quadratischen Terrasse umringen vier kleinere Prangs den gewaltigen Haupt-Prang im Zentrum, der 35 m hoch in den Himmel ragt. An allen vier Seiten weist er Vorbauten mit Scheineingängen auf, zu denen Treppen hinaufführen. Um die Terrasse gruppieren sich noch einmal acht Chedis, welche durch einen Gang miteinander verbunden sind. Eine Phalanx sitzender Buddhas zierte von alters her den Gang. Die noch erhaltenen Statuen sind leider ohne Köpfe.

Auf den Traumpfaden ins Nirwana – schön gebetteter Buddha des Wat Lokayasutharam

i Praktische Hinweise

Information

TAT, 108/22 Moo 4, Si Sanphet Road, Phra Nakhon Si Ayutthaya, Tel. 035/24 60 76, tatyutya@tat.org.th

Schiff

Mehrere Veranstalter bieten Schiffstouren von Bangkok nach Ayutthaya an, teilweise mit Übernachtung an Bord [s. S. 30, 134].

Hotel

Krungsri River Hotel, 27/2 Moo 11 Rojana Road, Ayutthaya, Tel. 035/24 43 33, www.krungsririver.com. Die schönen großen Zimmer des modernen Hotels haben Flussblick. Mit Restaurants sowie Fitness und Wellness Center.

Angkor Wat oder New York: Wat Chaiwattanaram als Spiegel der Architekturgeschichte

4 Bang Pa-In

TOP TIPP

Der königliche Sommerpalast vereint traditionelle siamesische und westliche Architekturelemente.

Der königliche Sommerpalast Bang Pa-In (tgl. 8.30–16 Uhr) liegt auf einer Insel im Chao Phraya 58 km nördlich von Bangkok. 1632 von König Prasat Thong erbaut, diente er als Landsitz der königlichen Familie. Später war die Residenz für nahezu ein Jahrhundert vergessen und verfiel. Erst König Chulalongkorn (Rama V.) entdeckte den Reiz des Sommerpalastes wieder und nutzte ihn gelegentlich als Aufenthaltsort. Der durch seine Europareisen geprägte König war es auch, der die Anlage Ende des 19. Jh. um jene Bauten erweiterte, die sie heute so interessant machen – eine wunderbare Mischung aus traditionell-siamesischen Pavillons, chinesischen Pagoden und fernöstlichen Kaisergemächern mit opulenten Ebenholzschnitzereien und Perlmuttverzierungen, einem südeuropäisch anmutenden Observatorium mit Wendeltreppe, Turmschreinen im Khmer-Stil, Schweizer Chalets und diversen Palais, für die Schlösser wie Versailles und Sanssouci Modell gestanden haben. Die meisten Bauten sind um einen kleinen See angeordnet, in dessen Mitte ein graziler thailändischer Pavillon mit der Statue König Chulalongkorns steht.

Restaurant

Thai House Restaurant, 8/2 Moo 3, Tambon, Klong Suanplu, Ayutthaya, Tel. 035/24 59 77. Hervorragendes Thai-Restaurant in klassischem Ambiente (Fr/Sa 18–21 Uhr).

Grazile Kombination – der Palast Bang Pa-In zitiert Baustile aus Asien und Europa

Der Westen – entlang des River Kwae Richtung Myanmar

Der Zug ruckelt langsam durch die weite Ebene, vorbei an Reisfeldern. Je mehr sich die Bahn der Kleinstadt **Nakhon Pathom** mit dem höchsten Chedi Thailands nähert, desto dichter rücken auch die Haine mit Pampelmusen. Diese süßen Früchte, ein besonders weißer Reis und Wein prägen die Landwirtschaft in der Nachbarprovinz Bangkoks. **Kanchanaburi**, die Stadt an den beiden Kwae Flüssen, hat wegen ihrer Rolle als Kriegsschauplatz traurige Berühmtheit erlangt: Hier ließen die japanischen Besatzer während des Zweiten Weltkriegs die ›Todesbahn‹ durch den Dschungel nach Birma, heute Myanmar, bauen. Bei den Arbeiten starben Zehntausende Kriegsgefangener und Zwangsarbeiter. Die Überreste der **Brücke am Kwai** ziehen heute Touristen aus aller Welt in die Provinzhauptstadt. Die Umgebung Kanchanaburis aber lockt mit **Naturschönheiten**, mit Nationalparks, Wasserfällen, Höhlen und zerklüfteten Kalksteinbergen. Bei einem Abstecher zum **Three Pagodas Pass** an der myanmarischen Grenze gehören eine Übernachtung auf einem Floß oder Rafting auf dem Kwae Fluss zum Erlebnisprogramm.

5 Nakhon Pathom

In einem Tagesausflug von Bangkok zum höchsten buddhistischen Bauwerk der Welt.

Die Region um Nakhon Pathom war vermutlich schon im 3. Jh. v. Chr. besiedelt. Unter den Bewohnern waren auch buddhistische Mönche aus Südindien und Ceylon. Bei Ausgrabungen stieß man auf den *Dharmachakra*, das steinerne Rad der Lehre. Es ist eines der ältesten Funde zum Buddhismus, und wird im **Phra Pathom Chedi Museum** (tgl. 8.30–16.30 Uhr) beim Tempel präsentiert. Wissenschaftler identifizieren Nakhon Pathom als den Ort, von dem aus die buddhistische Lehre erstmals auf thailändischem Boden verbreitet wurde. Die Stadt soll um das Jahr 1000 auch Zentrum des Dvaravati-Reiches der Mon gewesen sein.

Die meisten Besucher und Pilger kommen heute wegen des **Phra Pathom Chedi** (Di, Do–So 8.30–17 Uhr) in die Stadt: Schon von Weitem weist seine monumentale ockerfarbene Glockenkuppel den Weg. Die Gesamtanlage hat eine Höhe von 127 m und einen Umfang von 235 m. Es ist der höchste Chedi Thailands und das höchste buddhistische Bauwerk der Welt. Phra Pathom heißt ›der erste in Thailand erbaute Chedi‹, doch die Baugeschichte ließ sich bisher nicht rekonstruieren. Der kleinere Vorgängerbau wurde vermutlich vor rund 2000 Jahren errichtet und danach mehrfach verändert. So setzten z. B. die Khmer im 11. Jh. einen Prang auf den vorhandenen Bau, den die Birmanen 1057 jedoch zerstörten. Es war kein Geringerer als der spätere König Mongkut (1804–68), ein stark am Buddhismus orientierter Mann, der die Ruine wiederentdeckte, die damals noch mitten im Dschungel lag. Das war bei einer seiner Pilgerreisen, die er in seiner Zeit als als Mönch vor seiner Krönung durch das Land unternahm. Als König ließ er das Bauwerk dann ab 1853 restaurieren und vergrößern. Während der 17-jährigen Umbauphase wuchs der Chedi über der alten Kuppel auf die jetzige Höhe an.

Über eine große Treppe gelangen die Besucher in die Anlage und können den Tempel auf zwei Rundgängen umkreisen. In jeder Himmelsrichtung öffnet sich ein *Viharn* mit imposanten Buddha-Figuren in vier verschiedenen Stellungen, z. B. der

8 m hohe stehende Buddha am Haupteingang und ein liegender Buddha in der westlichen Kapelle. Auf der äußeren Terrasse kommt man an vielen mit Blattgold überzogenen Buddha-Statuen vorbei, ihre Posen werden auf Tafeln in Englisch erläutert. Im inneren Gang hängen *24 bronzene Glocken*. Wer sie alle anschlägt, dem ist Glück verheißen.

Bei der **Nakhon Pathom Food, Fruit and Best Products Fair** zum Chinesischen Neujahrsfest (Jan./Febr.) herrscht Volksfeststimmung rund um den Phra Pathom Chedi. Hier kann man für ein paar Baht so viele *Som-o* (Pampelmusen), Bananen, Guaven, Weintrauben etc. essen, wie man möchte. Ein weiteres Tempelfest findet im November statt.

6 Kanchanaburi

Die Brücke am Kwai, Mahmal des Krieges und Touristenspektakel.

Die Stadt Kanchanaburi erlangte durch jene Ereignisse des Zweiten Weltkriegs traurige Berühmtheit, welche in Pierre Boulles Roman und dem mit sieben Oscars ausgezeichneten Hollywoodfilm ›The Bridge on the River Kwai‹ (Die Brücke am Kwai, 1957) verewigt wurden.

Im September 1942 wurde mit dem Bau der ›Death Railway‹ (Todesbahn) von Thailand nach Birma begonnen. Die japanischen Besatzer wollten in kürzester Zeit eine mehr als 400 km lange Versorgungsstrecke durch den Dschungel legen. Sie

Blütenreich umflortes Empfangskomitee zu Füßen des Phra Pathom Chedi in Nakhon Pathom

Buddha und die Geisterwelt

Ein kahlköpfiger Mönch in orangefarbener Robe sitzt in seinem Büro im ersten Stock der Buddhistischen Universität Wat Mahathat in Bangkok. Lächelnd klärt er einen weit verbreiteten Irrtum auf: »Der Buddhismus ist kein Glaube an Buddha als eine Gottheit, auch wenn wir Buddha wie einen Gott verehren. Jeder muss für sich selbst durch Meditation zu Weisheit und letztendlich zur Wahrheit gelangen. Buddha zeigt nur den Weg.«

Eigentlich war Buddha ein ganz normaler Mensch: **Siddharta Gautama** (um 560–480 v. Chr.) hieß der indische Prinz, der die buddhistische Lehre begründete. Am Anfang stand seine Erkenntnis der ›**Vier edlen Wahrheiten**‹: Alles Leben ist Leiden; der Ursprung des Leidens ist die Begierde; das Leiden kann durch Überwinden der Begierde beendet werden. Die Lebensregeln des ›Achtfachen Pfades‹ befassen sich mit der rechten Gesinnung, dem rechten Streben und richtigen Handeln. Sie ähneln somit den Zehn Geboten des christlichen Glaubens.

Grundlage ist das **Karma**, das Schicksalsgesetz von Ursache und Folge im Ablauf der **Wiedergeburten**: Buddhisten, die es mit ihrem Glauben ernst meinen, praktizieren eine liebevolle Hingabe gegenüber *allen* Lebewesen – wer will schon als Mücke wiedergeboren werden? Denn der Lebenszyklus jedes Einzelnen kann aus mehrmaliger Geburt und Wiedergeburt bestehen, bis die Erleuchtung im **Nirwana** erreicht ist, dem Zustand der Erlösung von allen menschlichen Begierden. Buddha selbst soll der Legende nach 500 Leben gehabt haben, ehe er die Vollkommenheit erreicht hatte.

Die rund 300 000 **Mönche** und Novizen in Thailand richten sich nach 227 buddhistischen Regeln. Meist zur Regenzeit beginnt die **Khao Pansa**. Thailändische Jungen begeben sich nun für einige Wochen ins Kloster, um sich dem Studium der Schriften Buddhas zu widmen – als Übergang zum Erwachsenwerden.

Im Alltag vermischt sich der Buddhismus mit Elementen des älteren Brahmanismus und verschiedener Naturreligionen. So haben auch Geister ihren festen Platz in der thailändischen Gesellschaft. Wird ein Grundstück bebaut, so muss dem **Chao Thi** (auch Phra Phum), dem Hausgeist, eine alternative Bleibe geboten werden: ein **Geisterhäuschen**. Der Schatten des Wohnhauses darf dabei niemals auf das Geisterdomizil fallen – das bringt Unglück. Bei der Gestaltung der Geisterhäuschen sind der Fantasie keine Grenzen gesetzt: vom Holzbrett auf einem abgesägten Palmenstamm über pittoresk geschmückte Vogelbauer und farbenprächtige Tempelmodelle bis hin zu puppenstubenähnlichen Gebilden mit Gardinen, blinkenden Lichterketten und Tonfiguren. Im Übrigen: Um Glück, Kraft und Macht zu erlangen, tragen viele Thai auch heute noch gesegnete Amulette und magische Tätowierungen.

Bombe und Brücke – Mahnmale des Zweiten Weltkrieges am River Kwai

sollte als Alternative zum Seeweg von Singapur nach Rangoon (heute Yangon) dienen, den die Alliierten bereits unter Kontrolle hatten. Auch von Birma aus ließen die Japaner Hunderttausende von Kriegsgefangenen an den Gleisen arbeiten, bis sich die beiden Trassen im Spätherbst 1943 beim Three Pagodas Pass trafen. Teil der Strecke war u.a. eine hölzerne Brücke über den Fluss Kwae (Kwai), neben dem bald darauf noch eine zweite aus Stahl errichtet wurde. Unterernährung, Tropenkrankheiten und Folter durch die Japaner gehörten zum Alltag der Arbeiter. Etwa 16 000 alliierte Kriegsgefangene aus England, Holland, Australien und Amerika sowie schätzungsweise 100 000 asiatische Zwangsarbeiter überlebten die Torturen nicht. Einige der Toten wurden auf den beiden Soldatenfriedhöfen von Kanchanaburi beigesetzt.

Amerikanische Bomber zerstörten bereits im Februar 1945 beide **Brücken am Kwai**. Die heute so viel besuchte Sehenswürdigkeit ist ein Nachbau 4 km nördlich des ursprünglichen Standorts. Die Eisenkonstruktion, einige Teile sind original, ruht auf Betonpfeilern. Heute strömen zahllose Besucher zu Fuß über die Brücke oder sie nehmen den Zug nach Nam Tok, welcher mehrmals täglich pfeifend das geschichtsträchtige Eisenbahnviadukt überquert. Jede Menge Souvenirshops, Restaurants und einige alte Lokomotiven befinden sich ebenfalls nahe der Brücke. Besonders viel los ist, wenn das **River Kwai Bridge Festival** (Nov./Dez.) abgehalten wird, mit einem spektakulären Feuerwerk, bei dem der Bombenabwurf von 1945 farbenprächtig und nicht eben pietätvoll in Szene gesetzt wird, und mit der Wahl einer Schönheitskönigin mit dem Titel ›Miss Peace‹.

Geschichtsinteressierte können das **JEATH War Museum** (www.visitkanchanaburi.com, tgl. 8.30–16.30 Uhr) auf dem Gelände des Wat Chai Chumpol besuchen. JEATH steht für die am damaligen Krieg beteiligten Nationen (Japan, England, Australien, Thailand und Holland). Das Museum residiert in einer rekonstruierten Bambusbaracke für Kriegsgefangene und präsentiert viele Fotografien, heimlich von den Insassen angefertigte Zeichnungen, vergilbte Briefe, Interviews und Zeitungsartikel von Soldaten.

Im **Tiger Temple Wat Pha Luang Ta Bua** (an der Straße nach Sai Yok, www.visitkanchanaburi.com, tgl. 9–16.30 Uhr) gehen die Mönche einer zweifelhaften Passion nach: Seit 1999 werden hier verwaiste Tigerbabies, deren Mütter von Wilderern getötet wurden, großgezogen. Mehr als ein Dutzend große Wildkatzen leben heute auf dem Tempelgelände. Besucher können der Fütterung der Tiger im Steinbruch (ohne Gitter) beiwohnen und die Raubkatzen sogar streicheln. Auch wenn diese domestiziert sind (oder unter Beruhigungsmitteln stehen, wie vermutet wird), sie bleiben gefährlich – das sollte jedem Besucher bewusst sein.

Längst ein Touristenspektakel: Raubtierfütterung im Tiger Temple Wat Pha Luang Ta Bua

Praktische Hinweise

Information

TAT, Saeng Chuto Road, Kanchanaburi, Tel. 034/51 12 00, tatkan@tat.or.th

Touren

Von Bangkok und Kachanaburi aus werden mehrere Touren mit Fahrt an Bord eines historischen Zugs und mit Übernachtung in Floßbungalows angeboten.

Hotel

Felix River Kwai Resort, 9/1 Moo 3 Thamakham, Kanchanaburi, Tel. 034/55 10 00, www.felixriverkwai.co.th. Große, luxuriös ausgestattete Zimmer mit Terrasse. Weitläufiger Garten, zwei Pools, Fitness- und Wellness-Center.

Restaurant

Sai Yoke River Kwae Restaurant, 429, Menam Kwae Road, Kanchanaburi, Tel. 034/51 27 02. Schwimmendes Thai-Lokal am Flussufer kurz hinter der Brücke. Sa/So Livemusik (tgl. 10–23 Uhr).

7 Wang Po Bridge und Sai Yok National Park

Landschaftliche Reize bietet eine Fahrt an die Grenze zu Myanmar.

Die Straße 323 windet sich in herrlichen Kurven zwischen dem großen und dem kleinen Kwae-Fluss, Kwae Yai und Kwae Noi, immer parallel zur Grenze Myanmars. Zu beiden Seiten erheben sich majestätische Bergkegel, von schroffen Felsen auf ihrer Spitze bekrönt. Zuckerrohrpflanzungen, Baumwollplantagen und Felder mit Kassava ziehen sich bis zur Grenze hin. Die **Wang Po Bridge**, ein Relikt aus dem Zweiten Weltkrieg, ist etwas schwer zu finden (immer dem Schild nach Sai Yok und Tham Krasae folgen), aber authentischer als die Brücke am Kwai. Ihre Trasse schmiegt sich dicht an die Bergflanke, darunter fließt der Kwae Noi. Zu Füßen des Berges liegen die Floßhütten des *River Kwae Jungle House* (etwa 45 km hinter Kanchanaburi, www.banrimkwae.com). Diese faszinierende Landschaftskulisse passiert der Zug auf der Fahrt von Bangkok bzw. Kanchanaburi zur Endstation Nam Tok.

Zurück auf der Hauptstraße 323 locken entlang des Weges zahlreiche Verkaufsstände mit Obst und leckeren Snacks wie in Salzwasser gekochte Maiskolben oder *Khao laam* (mit Kokosmilch im Bambusrohr gebackener Klebreis). Vom *Paksang Pier* (auf der linken Seite der Landstraße, etwa hinter km 38) fahren Boote zur **Lawa Cave** mit ihren beeindruckenden Tropfsteinformationen. Die Fahrt auf dem Kwae Noi zu dieser größten Höhle der Region führt durch eine üppige Land-

Romantische Flusslandschaft mit Wasserfall und Hausbooten im Sai Yok National Park

schaft und dauert etwa 4 Std. (nach 40 Min. erreicht man *River Kwai Jungle Rafts*).

Richtung Norden gelangt man bald zum Wasserfall **Namtok Sai Yok Noi** am rechten Straßenrand: Zwar sind die Wasserkaskaden des Sai Yok Noi (auch Khaophang) in der Trockenzeit nicht gerade überwältigend, dafür lässt es sich dann umso besser unter dem 25 m hohen Katarakt schwimmen.

Zum **Hell Fire Pass** schließlich zweigt bei km 66 eine Straße nach links ab: In der Nähe wurde für die ›Death Railway‹ [s. S. 41] eine Schneise durch den Berg geschlagen. Vom kleinen *Memorial Museum* (tgl. 9–16 Uhr) erschließt ein 4 km langer Wanderweg die alte Bahnstrecke.

Weiter im Norden kommt man von der Hauptstraße über eine Abzweigung (etwa bei km 84) nach links zum **Sai Yok National Park** (www.dnp.go.th/parkreserve), in dessen Höhlen die kleinste Fledermaus der Welt, die Hummelfledermaus (Gewicht 1,5 g), zu Hause ist. In den Grotten fand man Skelette von Steinzeitmenschen. Die Hauptattraktion des Nationalparks aber ist zweifellos der *Namtok Sai Yok Yai*. Der Wasserfall plätschert eindrucksvoll in mehreren Stufen zum Flussbett des Kwae Noi hinab. Wanderwege führen durch die Teakholz- und Bambuswälder. Auch per Floß oder Boot lässt sich die Landschaft entlang des Flusses mit ihren malerischen Klippen und langen Sandbänken erkunden.

Am Rande des Teakholzwaldes liegen die Hausboote des Hotels *Sai Yok View Raft* (Tel. 085/516 46 82, www.saiyokviewraft.com, am Wochenende Reservierung empfohlen) vertäut.

i Praktische Hinweise

Hotel

River Kwai Jungle Rafts, Baan Tahsao, Sai Yok, Büro Bangkok, Tel. 02/642 54 97, www.riverkwaijunglerafts.com. Vom Paksang Pier aus mit dem Boot zu erreichen. Gemütliche Zimmer auf Bambusflößen im Dschungel – mit Bad, Terrasse, Hängematte und Öllampe (kein Strom).

8 Sangkhlaburi und Three Pagodas Pass

Händler, Schmuggler und Dickhäuter an der Grenze zu Myanmar.

Pittoresk wird die Szenerie bei der Weiterfahrt Richtung Sangkhlaburi am Stausee **Khao Laem Reservoire**, geradezu atemberaubend romantisch bei Sonnenuntergang. Die Fischer leben hier mit ihren Familien in Bambushütten und auf Flößen inmitten des Sees.

Eine geheimnisvolle Geometrie ziert den Chedi des Wat Wiwekaram von Sangkhlaburi

Das Städtchen **Sangkhlaburi**, in dem es etliche Schmuggler geben soll, liegt malerisch am nördlichsten Zipfel des Sees. Die Bevölkerung besteht zum überwiegenden Teil aus Birmanen, die nach Thailand eingewandert sind (die meisten flüchteten vor der Militärdiktatur in ihrem Heimatland Myanmar). Auch viele Bergstämme und ethnische Minderheiten haben sich hier niedergelassen, darunter Mon und Karen. Sehenswert ist der *Wat Wangka Wiwekaram*, der über eine Brücke am See zu erreichen ist: Das Heiligtum thront in wunderschöner Lage auf einem Hügel über dem Wasser. Thailändische, indische und birmanische Einflüsse mischen sich im goldglänzenden, geheimnisvoll gemusterten Chedi. Der Wat birgt eine große Marmorstatue Buddhas. Nachts ist die Tempelanlage mit bunten Lichterketten geschmückt, die malerisch über den See funkeln. Am Ufer breitet sich außerdem ein attraktiver Souvenirmarkt mit überdachten Ständen aus.

Sangkhlaburis interessante *Mon Bridge* auch Saphan Uttamanuson genannt, ist mit 850 m die längste Holzbrücke Thailands. Sie führt über den Songkaria River und zu den Dörfern der Mon. Von ihr hat man einen schönen Blick auf den Zusammenfluss von Songkaria, Bikhli and Ranti River. Auffallend viele Autos, voll beladen mit Teakholzmöbeln, sind in dieser Ecke Thailands zu sehen. Die Thai kaufen das Mobiliar relativ billig in Myanmar auf dem Grenzmarkt (16 km nördlich von Sangkhlaburi, Abzweigung nach rechts).

Der **Three Pagodas Pass** ist keineswegs so spannend, wie es die Nähe zum einstigen asiatischen Drogenherkunftsland Nr. 1 suggerieren mag. Drei kleine weiße Pagoden, daher auch der Name des Passes, erinnern am Grenzübergang an die einstige Bedrohung durch den westlichen Nachbarn: Die Route über die Tenasserim Mountains (Tanaosri) war die

Die Mon Bridge von Sangkhlaburi ist mit 850 m die längste Holzbrücke Thailands

Invasionsschneise für die birmanischen Truppen, wenn sie auf Elefanten gegen Siam vorrückten. Heute reiten Touristen auf friedlichen Dickhäutern durch die Landschaft. Je nach politischer Lage ist der Grenzübergang geöffnet (aktuelle Infos einholen), und man erhält vor Ort ein Tagesvisum für Myanmar.

i Praktische Hinweise

Hotel

Ponnatee Resort, 84 Moo 1, Tambon Nongloo, Sangkhlaburi, Tel. 034/59 51 34, www.ponnateeresort.com. Am See gelegenes Gästehaus mit fantastischer Aussicht auf den Wat. 15 schlichte Zimmer mit Holzparkett oder Kachelboden sowie Veranda. Großes Terrassenrestaurant.

9 Erawan National Park

Wasserfälle am laufenden Meter in einem schmalen, bewaldeten Tal.

Auf dem Weg zum Erawan National Park (www.dnp.go.th/parkreserve, tgl. 8–17 Uhr) schlängelt sich die Route 3199 von Kanchanaburi auf und ab, an Zuckerrohr-, Mais- und Tabakfeldern vorbei. Streckenweise führt die Straße am Ufer des Kwae Yai entlang immer in Richtung auf die grünen Berge am Horizont. Am gigantischen Stausee *Sri Nagarind Dam* führt die Straße links zum Nationalpark mit seinem siebenstufigen, 1500 m langen **Erawan Waterfall**, den viele Thai für den schönsten des Landes

TOP TIPP

Nasse Feenschleier wehen am Fußende des siebenstufigen Erawan Waterfall

halten. Der dreiköpfige Elefant Erawan, ein Wesen der thailändischen Mythologie und Reittier der Götter, die über Regen und Donner gebieten, gab dem Nationalpark den Namen: Das obere Ende des Wasserfalls soll aus der Ferne eben diesen drei Elefantenköpfen gleichen. Etwa 2 bis 3 Std. dauert die 2 km lange Kraxelei zur höchsten Sinterterrasse des Wasserfalls. Die Chance, am Morgen auf wilde Affen zu treffen, steigt hier mit jedem Meter Höhenunterschied. Der Aufstieg verläuft im Schatten von Mangobäumen über Hängebrücken und Leitern. Wer nicht klettern mag, nimmt stattdessen ein Bad in einer der tiefer gelegenen Kaskaden.

Auf einer Schotterstraße geht es 12 km zur **Phra That Cave**, einer Tropfsteinhöhle im Norden des Parks. Entlang der Straße eröffnen sich traumhafte Ausblicke auf den Stausee, die für die Bewohner der Pfahlhäuser am Hang zum Alltag gehören. In der Regenzeit (Juli–Oktober) kann der knapp 500 m lange, steile Pfad durch den Bambuswald hinauf zur Höhle glitschig sein, daher sind Schuhe mit Profil angeraten. Nach etwa 30 Min. ist man oben angelangt. Am Eingang der Höhle steht ein Führer mit Lampe bereit.

i Praktische Hinweise

Unterkunft

Einfache Bungalows in verschiedenen Größen (am Wochenende häufig ausgebucht) und Campingplatz.

Pattaya und der Golf von Thailand – Trubel und Inselparadiese

Wenn die Thai am Wochenende aus ihrer Hauptstadt flüchten, voller Sehnsucht nach Sonne, Strand und Meer, dann gibt es ein favorisiertes Ziel: die langen **Sandstrände** und bildschönen **Inseln** im Osten des Golfs von Thailand. Das zentral an der Küste gelegene **Pattaya** ist eine vitale Urlaubsmetropole und Lieblingsreiseziel vieler Europäer. Zwar trägt das Seebad noch immer den Stempel eines Sündenbabels, doch längst lockt es auch mit allerlei schönen, familienfreundlichen Hotels und Touristenattraktionen für Jung und Alt. Dem seit Jahrzehnten andauernden Bauboom verdankt die Stadt ihre Skyline aus Wolkenkratzerhotels und Apartmenttürmen. Rund um die Strände locken zahllose Restaurants, Shopping Center und Bazare, unzählige Bars und Szeneclubs für Nachtschwärmer. Wer die Idylle sucht, den zieht es auf die üppig bewaldeten Inseln, z. B. nach **Ko Samet** oder **Ko Chang** mit ihren Traumstränden und den Korallenriffen ringsum.

10 Pattaya

Ko Larn – Ko Phai

Die moderne Urlaubsmetrople am Golf von Thailand bietet allerlei Freizeitvergnügen und viel Trubel.

Als am 29. Juni 1959 eine Hand voll amerikanischer GIs in dem Fischerdorf Pattaya (›Seebrise‹) ankam und billige Bambushütten am Strand mietete, war von Nachtklubs noch weit und breit keine Spur. ›Rest & Recreation‹ nannte sich der Erholungsurlaub vom Vietnamkrieg. Die ›R & R‹-Annehmlichkeiten im östlichen Golf von Thailand sprachen sich bald herum und zogen vergnügungssuchende Urlauber aus aller Welt an. Dank seiner Gogo-Bars wurde Pattaya schließlich zum Inbegriff des asiatischen Sextourismus.

In den 1990er-Jahre blieben die Urlauber aus, denn Pattayas Image hatte aufgrund des touristischen Wildwuchses enorm gelitten. Heute aber, nach städtebaulichem Lifting, gilt die Stadt, eines der bedeutendsten Seebäder Südostasiens, wieder als attraktive Urlaubsmetropole.

In Pattaya kennen Trubel und Nervenkitzel kaum Grenzen. Hier gibt es alles: von Bungee-Jumping und Schießanlagen über Transsexuellen-Cabarets bis zur Formel-1-Rennbahn, nicht zu vergessen: die Motorrad fahrenden Elefanten! Auch für Familien mit Kindern wird viel geboten: Minizoos mit Tigernachwuchs, Elefantenshows mit Elefantenbabies, Affenschule und Krokodilfarm, Wasserpark und Aquarium. Exotik nimmt vertraute Formen an, wenn Weißwurst und deutsches Bier von einer thailändischen Kellnerin im Dirndl serviert werden. Die meisten Gäste sind Deutsche – wen wundert's, wenn der indische Schneider, der Taxifahrer aus dem Nordosten und sogar die Polizisten Deutsch sprechen.

Der 4 km lange Strand der halbrunden Pattaya Bay, **Pattaya Beach**, wird in weiten Strecken von Restaurants, Bars und allerlei Geschäften begleitet. Die **Pattaya Beach Road**, eine Strandpromenade mit Palmen, bildet die Kulisse. Im modernen **Hafen** ankern zahllose Jachten, Ausflugsboote und Kreuzfahrtschiffe. Das Wassersportangebot reicht von Segeln und Surfen über Wasserski bis zum Tauchen. Überall geht es lebhaft zu, nur im nördlichen Abschnitt, in *Naklua*, wo Hotels und Gästehauser den Strand säumen, ist es etwas ruhiger. Hier und weiter südlich, in *Jomtien*, finden sich auch einige Luxusresorts und Boutique-Hotels sowie renommierte Golfplätze.

Ein Rundgang durch die City von Pattaya führt vorbei an diversen Bars und

Nachtklubs, aber auch an Restaurants, Souvenirläden und Einkaufszentren, z. B. dem **Royal Garden Plaza** an der Beach Road. Hier warten im Kuriositätenmuseum **Ripley's Believe It Or Not** (www.ripleysthailand.com, tgl. 11–23 Uhr) so wundersame Attraktionen wie dreibeinige Pferde, behaarte Fische, urkomische Zerrspiegel und aufregende Flugsimulatoren auf Besucher.

Prasat Satchatham, das **Sanctuary of Truth** (Tel. 038/367815, www.sanctuaryoftruth.com, tgl. 8.30–17 Uhr), ragt im Norden Pattayas über dem Strand Wong Phrachan auf. Die Errichtung des Heiligtums der Wahrheit wurde 1981 von Lek Wiriyapham begonnen. Das üppig mit Schnitzereien verzierte Holzbauwerk ist das größte seiner Art weltweit.

Weiter östlich präsentiert **The Million Years Stone Park & Pattaya Crocodile Farm** (Tel. 038/249347 www.thaistonepark.org, tgl. 8–18.30 Uhr) eine farbenprächtig blühende Parkanlage mit kunstvoll beschnittenen Bäumen, bizarren Felsbrocken und uralten versteinerten Baumstämmen. Die Krokodilfarm mit Zoo bietet Begegnungen mit allerlei Tieren und Kroko-Dressurshows.

Ein Stück zurück gen Süden lockt **Mini Siam** (Tel. 038/727333, www.minisiam.com, tgl. 7–22 Uhr) mit thailändischen Königsstädten und berühmten Bauten aus aller Welt – in Bonsaiformat. Die Freiheitsstatue und der Eiffelturm posieren hier, nur wenige Schritte vom Bangkoker Grand Palace entfernt.

Im **Elephant Village Pattaya** (Tel. 038/249818, www.elephant-village-pattaya.com, tgl. 8.30–19 Uhr, Shows tgl. 14.30 Uhr) weiter östlich steht die Begegnung mit Dickhäutern auf dem Programm. Man kann auf Elefanten reiten oder sie bei der Arbeit und beim Spiel beobachten. Besonders eindrucksvoll ist die große Elefantenparade am frühen Nachmittag.

Am Südende des Pattaya Beach ragt über der Küste der Hügel **Khao Phra Tamnak** auf, ein schöner Aussichtspunkt vor allem zum Sonnenuntergang. Mitten im tropischen Grün wacht hier eine 18 m hohe Buddha-Statue über die Stadt.

Vom Ausguck ist es nicht weit bis zum **Pattaya Park** (www.pattayapark.com, tgl. 9–18 Uhr), der feuchtfröhliches Vergnügen für Jung und Alt bietet, mit gigantischen Wasserrutschen, Plantschbecken und Whirlpools. Über allem Getümmel erhebt sich der 240 m hohe **Pattaya Park Tower** (tgl. 9–1 Uhr). Er ist zwar eigentlich ein hässlicher Klotz, gilt aber dennoch als Attraktion – wegen der fantastischen Aussicht von oben und wegen des Drehrestaurants im 53. Stock, das Speisen zu ebenfalls höhenrekordverdächtigen Preisen offeriert.

Sandsaum zwischen Ozean und Häusermeer – die turbulente Urlaubsmetropole Pattaya

Im Süden Pattayas liegt auch **Jomtien** (Hat Chomtian) mit seinem 6 km langen *Jomtien Beach*, ein beliebter Standort für Windsurfer, Taucher und andere Wassersportler. Die im Vergleich zu Pattaya Beach friedlichere Szenerie jenseits der Strandstraße lädt zum Baden und Faulenzen ein. In einem Sonnenstuhl liegend blickt man von hier über die Bucht und auf die vorgelagerte Insel Ko Larn.

Dem Lebensraum Meer ist die **Underwater World Pattaya** (22/22 Moo 11, Sukhumvit Road, Tel. 038/756879, www.underwaterworldpattaya.com, tgl. 9–18 Uhr) östlich vom Jomtien Beach gewidmet. Beim Gang durch das Aquarium und seinen 100 m langen Acryltunnel begegnet man exotischen Fischschwärmen, Muränen, Rochen und Haien, mit denen man sogar tauchen kann.

Ein Dorf mit nachgebauten traditionellen Pfahlbauten in einer Sumpflagune fungiert als **Pattaya Floating Market** (451/304 Moo 12, Sukhumvit Road, Tel. 038/706340, www.pattayafloatingmarket.com). Im Anschluss an die Bootsfahrt durch den Markt kann man Läden mit Kunsthandwerk, Souvenirs und Thaiseide erkunden, das *Wood Carving Museum* mit seinen schönen Holzschnitzereien besuchen und die Darbietung traditioneller Tänze oder Kampfsportarten genießen.

Pflanzenfreunde zieht es zum **Nong Nooch Tropical Garden** (Sukhumvit Road, km 163, Tel 038/709358, www.nongnoochtropicalgarden.com, tgl. 8–18 Uhr), einem Botanischen Garten 18 km südlic von Pattaya. Zu seinen Attraktionen gehören Palmfarne, Helikonien, Orchideen und kunstvoll arrangierte Themengärten aber auch Elefantenshows und folkloristische Unterhaltung.

Ausflüge

Die Inselwelt vor Pattaya eignet sich bestens zum Fischen und Tauchen, 2 Std. per Boot von der Küste entfernt bei Sattahip kann man sogar Schiffswracks erkunden. Was liegt näher als Inselhüpfen? Mit einem Speedboat z. B. ist **Ko Larn** mit seinen hübschen Sandstränden in 15 Min. zu erreichen. Es ist die größte der Pattaya vorgelagerten Inseln und wird von vielen Tagesausflüglern besucht – dem entspricht die Zahl der Souvenirläden und die Höhe der Restaurantpreise.

Ruhiger geht es noch auf **Ko Phai** zu, der ›Bambusinsel‹ mit ihrem charakteristischen, gut 150 m hohen Kalksteinfelsen. Nach 30-minütiger Speedboat-Fahrt erreicht man die unbewohnte, unter Naturschutz stehende Insel. Hier kann man spazieren gehen, schwimmen oder tauchen (Übernachten ist nicht erlaubt; Verpflegung sollte man mitnehmen).

i Praktische Hinweise

Information

TAT, 609 Moo 10, Pratamnak Road, Banglamung, Pattaya, Tel. 038/427667, tatchon@tat.or.th

Daher hat das Rotlichtviertel seinen Namen – Pattayas Großstadtdschungel bei Nacht

Grün, geometrisch und adrett manikürt – Rabatten im Nong Nooch Tropical Garden

Flughafen

U-Tapao Airport, 40 km südlich von Pattaya, Tel. 038/24 56 00, www.utapao.com. Wird von Linien- und Chartergesellschaften angeflogen. Verbindungen auch nach Ko Samui, Hongkong und Singapur.

Nachtleben

Zentren des Nachtlebens sind Pattaya Beach Road, Pattaya II Road und die Walking Street genannte Zone der Küstenstraße ein Stück weiter südlich.

Alcazar, 78/14 Pattaya II Road, Pattaya, Tel. 038/41 02 25. Am Abend sollte man sich eine der höchst unterhaltsamen Travestie-Shows anschauen: Über hundert Tänzer und ›Tänzerinnen‹ begeistern das Publikum im Rahmen einer pompösen Show mit viel Glanz und Glamour (drei Shows täglich).

Tiffany Show, 464 Moo 9, Pattaya II Road, Pattaya, Tel. 038/42 17 00, www.tiffany-show.co.th. Transvestiten-Spektakel mit fantastischen Kostümen und Kulissen.

Hotels

Amari Orchid Resort & Tower, Pattaya Beach 20150, Tel. 038/42 81 61, www.amari.com/orchid. Das in einem tropischen Garten gelegene Luxushotel bietet u. a. zwei Pools und mehrere hervorragende Restaurants, darunter das *Mantra* (www.mantra-pattaya.com) mit exklusiver asiatischer und mediterraner Küche.

Natural Park Resort, 412 Moo 12, Jomtien Beach, Banglamung, Pattaya, Tel. 038/23 15 61, www.naturalparkresort.com. Am südlichen Rand von Jomtien Beach. Bungalows und Apartmenthäuser im Grünen mit Pool, sehr ruhig.

Sugar Hut, 391/18 Moo 10, Tabphaya Road, Pattaya City, Tel. 038/25 16 86, www.sugarhutpattaya.com. Bungalowdorf aus 28 traditionellen Teakhäuschen, luxuriös ausgestattet, naturbelassen, mit ›Garten‹-Bad. Drei Pools und Restaurant.

Thai Garden Resort, 179/168 Moo 5, North Pattaya Road, Naklua, Pattaya, Tel. 038/42 60 09, www.thaigarden.com. Attraktives Hoteldorf mit Garten, Pool, Restaurant und Moon River Pub. Große moderne Zimmer und Bungalows.

Restaurants

Amsterdam, 463/2–3 Beach Road, Srinakorn Center, Pattaya, Tel. 038/42 17 48. Heimeliges Café-Restaurant mit ruhiger Terrasse (tgl. 8–23 Uhr).

PIC Kitchen, Soi 5, Pattaya II Road, Pattaya, Tel. 038/42 83 87, www.pic-kitchen.com. Zweistöckige Thai- Pavillons mit Teakholz. Zuvorkommender Service und angenehme Atmosphäre. Man speist am Tisch oder am Boden im Schneidersitz (tgl. 10–14 und 18–24 Uhr).

Ruen Thai, 485/3 Pattaya II Road, Pattaya, Tel. 038/42 59 11. In tropischem Garten gelegenes Restaurant im Thai-Stil mit klassischem Tanz (ab 20 Uhr), auch internationale Küche (tgl. 11–24 Uhr).

11 Ko Samet

Am Wochenende wird es voll auf dem winzigen tropischen Eiland.

Ko Samet hat zwei Gesichter. Da gibt es das Ko Samet *am Wochenende*, dann verdoppeln sich die Bungalowpreise, und Thai-Großfamilien erobern die Strände – mit Frisbee-Scheibe, *Takraw*-Ball, Kühlbox und Ghettoblaster. Motorboote ziehen dann unentwegt knallgelbe Bananen mit kreischender ›Besatzung‹ hinter sich her, besonders am **Hat Sai Kaeo**. Auf diesem etwa 1 km langen weißen Sandstrand an der Ostküste versammeln sich die meisten Tagesausflügler aus Bangkok und Pattaya. Ein weiterer Star unter den Stränden ist **Ao Wong Deuan**, ein fast kreisrunder Sandsaum weiter südlich. Zu seiner Kulisse gehören

TOP TIPP

einige kleine Hotels und gute Fischrestaurants.

Und dann gibt es noch das Ko Samet *unter der Woche*: Jetzt lassen sich hier durchaus ruhige Flecken finden, z. B. am abseits gelegenen **Ao Prao**, dem ›Paradiesstrand‹ an der Westküste, oder auch weiter im Süden der 6 km langen Insel. Doch je weiter südlich gelegen, desto einfacher sind auch die Unterkünfte.

Ko Samet ist seit 1981 Teil des **Khao Laem Ya-Mu Ko Samet National Park**, daher muss jeder Besucher einen Obolus zahlen (die Gebühr sollte man nur im Hauptbüro oder bei Vertretern des Nationalparks entrichten).

Die Insel ist dicht von Regenwald bedeckt und ihre etwa 15 wunderschönen Buchten sind klein, von Palmen gesäumt und an manchen Stellen von Felsen gerahmt. Während der Monsunzeit allerdings schrumpfen die Strände, manche werden fast ganz überspült. Die klaren Küstengewässer sind ideale Reviere zum Schnorcheln und Tauchen. Wer lieber an Land bleibt, kann die Insel leicht zu Fuß durchqueren. Bei Regen verwandelt sich der lehmige Weg aber schon mal in eine kleine ›Lagunenlandschaft‹. Auch deswegen bieten einige Bungalowhotels einen eigenen Bootsservice vom Festlandshafen *Ban Phe* an.

i Praktische Hinweise

Flughafen

Airport Trat, Trat, Büro Bangkok, Tel. 02/265 55 55, www.bangkokair.com

Hotels

Ao Prao Resort, Ao Prao, Ko Samet, Tel. 038/64 41 00, Büro Bangkok, Tel. 02/438 97 71, www.samedresorts.com. Komfortable Häuschen am Paradiesstrand. Nebenan liegt das edle Boutique-Schwesterhotel *Le Vimarn* mit Pool.

Baan Thai Sang Thian Resort, Ao Sang Thian, Ko Samet, Tel. 038/64 43 22, Mobil-Tel. 08 63 73 07 74. Hübsch: 20 Thai-Häuschen auf Stelzen am etwas felsigen, aber ruhigen Ao Thian-Candlelight-Beach, einige haben Meeresblick, einige stehen im Wald.

Restaurant

Jep's Bungalows & Restaurant, Hat Sai Kaeo, Ko Samet, Tel. 038/64 41 12, www.jepbungalow.com. Etwas oberhalb der Bucht an der Straße. Man kann auch Bungalows mieten und sogar einen Kochkurs belegen.

12 Ko Chang

Die zweitgrößte Insel Thailands ist ein Naturparadies mit Regenwald und Tauchgründen.

Die Provinzhauptstadt Trat mit ihrem Flughafen und die etwa 20 km entfernten Piers Laem Ngop, Ao Thammachat und Center Point Pier sind Ausgangspunkte für die Erkundung von Ko Chang, der nach Phuket zweitgrößten Insel Thailands. Dichter Regenwald und Wasserfälle im bergigen Inneren, malerische Buch-

Flotte Jetski-Piloten und cooles Plantschvergnügen mit Sonnenbrille auf Ko Samet

Freudensprünge vor Ko Wai – die Inselwelt um Ko Chang ist zum Untertauchen schön

ten, weiße Sandstrände und die herrliche Inselwelt des **Mu Ko Chang Marine National Park** (www.dnp.go.th/parkreserve), welcher 52 Eilande umfasst, machen den Reiz der ›Elefanteninsel‹ aus.

Ko Chang wurde erst in den 1980er-Jahren für den Tourismus entdeckt. Heute gehören zum Ambiente allerlei Hotels, von Strandbungalows bis zu Luxusresorts, ferner gute Restaurants und nette Bars, doch trotz Bauboom ist das Flair einer tropischen Idylle noch spürbar. Die beliebtesten **Strände** liegen an der Westküste Ko Changs: Ao Klong Son, Hat Sai Khao (White Sand Beach), Hat Klong Prao, Hat Kai Bae und Hat Tha Nam.

Die Naturschönheiten jenseits der Küste lernt man am besten beim Wandern kennen. Schöne Strecken sind die zwischen den Buchten Klong Son und Kai Bae und von dort zum Fischerdorf **Bang Bao** mit seinen Pfahlbauten. Ausflüge ins Grüne kann man auch per Mountainbike oder auf dem Rücken eines gutmütigen Elefanten unternehmen.

Neben Bootstouren zu traumhaften Nachbarinseln wie Ko Mak, Ko Kut, Ko Kra und Ko Rang steht das Tauchen (bzw. Schnorcheln) hoch in der Gunst der Besucher. Als beste Tauchgründe gelten die Korallenriffe um Ko Wai und Ko Lao Ya.

i Praktische Hinweise

Flughafen

Airport Trat, Trat, Büro Bangkok, Tel. 02/265 55 55, www.bangkokair.com

Hotels

Aiyapura Resort & Spa, Ao Klong Son, Ko Chang, Tel. 039/55 51 11, www.aiyapura.com. Fünf-Sterne-Hotel mit schicken Zimmern und Villen am Strand, mit Aiya Spa, Fitness Center, Pool und Restaurants sowie privater Bootstaffel.

Centara Tropicana Beach Resort, Hat Klong Phrao, Ko Chang, Tel. 039/55 71 22, www.centarahotelsresorts.com. Herrlich breiter Strand, üppiger Garten, 156 wunderbare Zimmer in palmblattgedeckten Doppelhäusern und zwei Pools.

KC Grande Resort & Spa, White Sand Beach, Ko Chang, Tel. 039/55 21 11, www.kckohchang.com. Charmantes Strandhotel unter Palmen mit Zimmern und Bungalows, Pools und Strandrestaurant.

Saffron on the Sea, Hat Kai Mook, Ko Chang, Tel. 039/55 12 53, kochangsaffronon thesea@yahoo.com. Wunderschönes Hideaway in Tropengarten am Meer über den Felsen: sieben liebevoll dekorierte, gut ausgestattete Zimmer in originellen Häuschen, sehr freundliche Gastgeberfamilie und hervorragende Thai-Küche im winzigen Open-Air-Lokal, das allein einen Abstecher hierher wert ist!

The Dewa Resort and Spa, Hat Klong Prao, Ko Chang, Tel. 039/55 12 90, www.thedewa-kohchang.com. Hippes Designhotel mit eleganten Zimmern und Villen. Pool, Restaurant, Wassersportangebot.

Die Ostküste der Malaiischen Halbinsel – ein Tropentraum wird wahr

Bunte Fischerboote liegen am weißen Sandstrand. Kokospalmen wiegen sich in der lauen Brise unter blauem Himmel. Sonnenstrahlen tanzen als glitzernde Punkte auf dem Meer. Thailand gleicht, geographisch betrachtet, dem Kopf eines Elefanten: Die Wasser des **Golfs von Thailand** im Osten und des Andamanensees im Westen umspülen, sozusagen, den Rüssel. An und vor der rund 1000 km langen Ostküste der Malaiischen Halbinsel reihen sich moderne Seebäder wie **Cha-am** und **Hua Hin**, bildschöne Inseln wie **Ko Samui** aneinander. Hinzu kommen märchenhaft schöne Naturschutzgebiete wie der Khao Sam Roi Yot National Park und der Ang Thong Marine National Park. Am Isthmus von Kra, wo Thailand nur 13 km breit ist, wird die Landschaftskulisse zunehmend tropischer. Große Palmenhaine, weite Gummibaumplantagen und geheimnisvoller Urwald prägen nun die Szenerie. In den Gewässern vor **Chumphon** und rund um **Ko Tao** gleiten Taucher vorbei an bunten Korallenriffen und Myriaden von farbenprächtig schillernden Fischen. Der Süden Thailands hat ein ganz eigenes Gesicht: Brauchtum, Tänze, Kunsthandwerk, Kochkunst, Sprache und Glauben haben einen ganz anderen Charakter als im Norden. Und der Buddhismus ist hier viel weniger verbreitet, in manchen Regionen sind sogar bis zu 80 % der Bewohner muslimischen Glaubens.

13 Petchaburi

Eine der ältesten Städte Thailands – und einzigartig ist ihr Bergpalast.

Die Provinz Petchaburi liegt zwischen den Bergketten von Myanmar und dem Golf von Thailand. Die Stadt Petchaburi gehörte vermutlich ab dem 7. Jh. dem Dvaravati-Reich der Mon an, im 9. Jh. fiel sie unter den Einfluss der Herrscher aus dem Süden.

Aber auch die Khmer hinterließen hier ihre Spuren. Weithin sichtbar erhebt sich der **Phra Nakhon Khiri Historical Park** (tgl. 9–16 Uhr) auf einem 92 m Bergrücken über der Stadt. Der auch als *Khao Wang*, Bergpalast, bezeichnete Sommerpalast wurde 1860 für König Mongkut (Rama IV.) erbaut, der hier in Mußestunden der Astronomie nachging. Unter weiß blühenden Frangipani-Bäumen geht es zum Phra Nakhon Khiri hinauf, der Wohn- und

Purpurne Stimmung in Petchaburi – der Königspalast Phra Nakhon Khiri

Einige der vielfältigen Erscheinungsformen Buddhas in der Tropfsteinhöhle Tham Khao Luang

Tempelbauten aufweist, in denen thailändische, chinesische und europäische Stilformen vereint sind. Ein Teil des Palastes fungiert als *National Museum* und zeigt Kultgerät und Kunstschätze aus königlichem Besitz, darunter Skulpturen und Porzellan. Im April wird hier oben mit prachtvollen Prozessionen, sprühendem Feuerwerk und viel Musik die **Phra Nakhon Khiri Muang Phet Fair** gefeiert.

Einige von den imposanten Höhlen der Umgebung beherbergen bedeutende Buddha-Bildnisse, allen voran die stimmungsvolle Tropfsteinhöhle **Tham Khao Luang** (5 km nördlich, am besten mit der Fahrradrikscha zu erreichen, tgl. 9–15 Uhr, nur mit Führung). Im großen Kloster **Wat Tham Klaep** (Wat Bunthawi) am Fuß des Hügels kann man kunstreiche Holzschnitzereien bewundern.

Gepflegte Sommerfrische genießen Gäste im Strandbad Hua Hin, hier am Hilton Resort & Spa

Praktische Hinweise

Information

TAT, 500/51 Phetkasem Road, Petchaburi, Tel. 032/47 10 05, tatphet@tat.or.th

14 Cha-am und Hua Hin

Badeorte mit Flair, königliche Sommerfrische und Fischereihafen.

Auf dem Weg in den Badeurlaub rattert die Bahn den thailändischen ›Rüssel‹ gemächlich abwärts. Blick aus dem rechten Zugfenster: die weiten Ananas- und Zuckerrohrplantagen im Hinterland. Blick aus dem linken Fenster: die Apartmenttürme an der Küste. Der kilometerlange Strand von **Cha-am** füllt sich zum Wochenende und an Feiertagen mit einheimischen Gästen aus allen Landesteilen. Aber keine Bange: Unterkünfte gibt es wie Sand am Meer. Abends erschallen Karaoke und Thai-Pop aus den Bars, auf der Speisekarte finden sich häufig frische Meeresfrüchte wie z.B. *Tom Yam Gung* (eine scharfe Garnelensuppe).

Hua Hin gilt als der älteste Badeort Thailands und diente schon der Königsfamilie Anfang des 20. Jh. als Ferienoase. König Prajadhipok (Rama VII.) zog es während seiner Regierungszeit (1925–35) regelmäßig in seinen Sommerpalast, den er *Klai Kangwon* (›Fern aller Sorgen‹, Tel. 032/51 11 55, tgl. 9–16 Uhr) nannte. Die aus drei Villen bestehende Anlage im Norden der Stadt bezaubert noch heute mit traumhaftem Meerblick. In jenen Jahren frequentierte der Hochadel des Königreichs das viktorianische *Railway Hotel* (heute: Sofitel Centara Grand Resort & Villas Hua Hin, www.centarahotelsresorts.com) und schaffte sich auf dem ersten Golfplatz des Landes Bewegung. Nicht zuletzt der niedliche königliche Wartepavillon am Bahnhof *Hua Hin Railway Station* erinnert an diese glanzvolle Ära.

Selbst der alte *Fischereihafen* hat sich seinen maritimen Charme bewahrt: In den engen Gassen der *Altstadt* bummeln abends Scharen von Touristen aus aller Welt von einem Seafood-Restaurant zum nächsten – die meisten Lokale stehen auf Pfählen über dem Meer. Frauen hocken vor den Holzhäusern und sortieren den Fischfang nach Gewicht und Größe. Im Hafen laufen die bunten Fischkutter ein, um ihre Netze zu entleeren.

Hinter der felsigen Landzunge, auf der das *Hilton Hua Hin* thront, liegt der europäisch geprägte Stadtteil mit seinen vielen Bars, Restaurants, Boutiquen und Souvenirständen. Drahtige Thai transportieren Gäste mit Fahrradrikschas durch die Stadt, z. B. zum *Night Bazaar*: Hier bietet sich die Gelegenheit, regionalen Spezialitäten vom Holzkohlegrill, aber auch dem von Kennern gerühmten Trockenfisch aus dieser Gegend zuzusprechen.

Der 6 km lange *Strand* von Hua Hin lädt zum Spaziergang gen Süden ein – zum pittoresken Felskap mit dem Tempel *Kao Takiap* auf der Spitze. Ihm zu Füßen hebt ein gigantischer goldener Buddha die Hände grüßend zum Meer.

i Praktische Hinweise

Information

TAT, 500/51 Petchkasem Road, Cha-am, Tel. 032/47 15 02, tatphet@tat.or.th

Flughafen

Hua Hin, Bangkok Airways, Hua Hin, Tel. 032/52 23 095

Hotels

Hilton Hua Hin Resort & Spa, 33 Naresdamri Road, Hua Hin, Tel. 032/53 89 99, www.hilton.de/huahin. Hochhaushotel am Strand mit eleganten Zimmern und schöner Lobby. Fitness Center, Poollandschaft, Strand und exquisite Restaurants.

Chiva Som International Health Resort, 73/4 Petchkasem Road, Hua Hin, Tel. 032/53 65 36, www.chivasom.com. Entspannung pur bei Massagen, Schönheitsmasken und Tai Chi. Exklusives Ambiente mit Teakholzpavillons in exotischem Garten, teils Meerblick.

Supatra Hua Hin Resort, 143/18 Takiab Road, Hua Hin, Tel. 032/53 68 93, www.supatraresort.com. Kleine, romantische Anlage am südlichen Strand beim Takiab Hill: drei Bungalows am Strand und 13 im Garten, teils Privat-Pool, sowie ein kleiner Pool am Meer. Herrliches Strandlokal zu Füßen der Felsen und des Buddhas.

Vic Hua Hin, 62/70 Soi Moobaan Huana, Nongkea, Hua Hin, Tel. 032/82 78 14, www.vichuahin.com. Theater, Galerie, Restaurant *Garden Kitchen* (So–Fr 10–18, Sa 10–21 Uhr) und eine Art Kunstcamp der Künstlerin Patravadi Mejudhon. Man kann in schrägen Skulpturen-Lehmhütten preiswert wohnen.

Restaurants

Let's Sea, im Let's Sea Hua Hin Al Fresco Resort, 83/188 Soi Talay 12, Hua Hin, Tel. 032/53 68 88. www.letussea.com. Ein schickes Lokal am Strand – man speist Köstlichkeiten bei Thai-Jazz, z. B. Meeresfrüchte (tgl. 11–24 Uhr).

Meekaruna Restaurant, 26/1 Naresdamri Road, Hua Hin, Tel. 032/51 19 32. Preiswertes Thai-Lokal mit großer Terrasse auf Pfählen über dem Meer (tgl. 10–22 Uhr).

15 Khao Sam Roi Yot National Park

Nationalpark an der Küste mit märchenhaften Überraschungen.

Mit etwas Spürsinn und der Frage: »*Khao Sam Roi Yot – jutinai?*« (Wo ist der Khao Sam Roi Yot?) findet man den Weg zum Khao Sam Roi Yot National Park (Visitor Center, www.dnp.go.th/parkreserve, tgl. 8.30–16.30 Uhr) 60 km südlich von Hua Hin. Die Ausschilderung hingegen lässt zu wünschen übrig. Auf der Nationalstraße 4 geht es nach Pranburi, wo man die Abzweigung nach links nimmt, dann etwa 20 km weiter auf einer wenig befahrenen Landstraße. Oder man biegt weiter südlich bei km 286 in der Nähe von Sompong Richtung Küste ab.

Khao Sam Roi Yot heißt ›Berg mit 300 Gipfeln‹, doch er hat noch mehr zu bieten als sein Name verheißt. Im Schatten seiner verkarsteten **Kalksteingipfel** (bis zu 605 m hoch) mit Blick auf pittoreske Felseneilande vor der Küste finden sich imposante **Tropfsteinhöhlen** und schöne **Strände**, dazwischen breitet sich das größte Sumpf- und Marschgebiet Thailands aus. Stellenweise verunstalten hier jedoch *Garnelenfarmen* das Ambiente. Die Aufzuchtbecken und Abflussgräben stören das ökolgische Gleichgewicht und haben auch Auswirkungen auf die Vogelwelt in der **Mangrovenwälder**. Immerhin werden in dem vergleichsweise kleinen Nationalpark noch rund 300 Arten von Zugvögeln aus Nordeuropa, Sibirien und China gezählt, darunter Wasservögel wie Reiher und Seeadler. Im Bergglland sind die seltenen Gorale *(Serow)* beheimatet,

Die agrarische Nutzung der Ebene um den Khao Sam Roi Yot schafft auch Probleme

ziegenartige Huftiere mit langem Fell, ferner verschiedene Affen- und Wildkatzenarten.

Unweit des nördlichen Parkeingangs liegt das Fischerdorf **Bang Pu**. Von hier fahren Boote um einen Berg herum zu dem wochentags herrlich einsamen Strand **Laem Sala**. Der Berg kann auch zu Fuß auf einer Felstreppe entlang der Steilküste umrundet werden – mit fantastischer Aussicht auf die zahlreichen Inseln, die wie grüne Kegel aus dem tiefblauen Meer wachsen.

TOP TIPP Oberhalb des Laem Sala Beach öffnet sich die Höhle **Tham Phraya Nakhon**: Der ein- bis zweistündige Aufstieg ist ein absolutes Muss für ›Höhlenforscher‹, ausgerüstet mit festem Schuhwerk und Mückenschutzlotion. Zuerst geht es über ein ausgetrocknetes Flussbett steil aufwärts durch den Wald. Nach rund 400 m öffnet sich der Schlund der Tropfsteinhöhle. Innen kraxelt man wieder abwärts, vorbei an riesigen Stalaktiten und Stalagmiten, die zwischen Himmel und Erde zusammenwachsen. Bald bietet sich ein geradezu verwunschener Anblick: Das Dach der Höhle ist eingestürzt, Bäume und Schlingpflanzen recken sich an den senkrechten Felswänden gen Himmel. Das Sonnenlicht tastet wie dünne Laserstrahlen durch das Halbdunkel im Inneren des Berges. In der derart beleuchteten Höhle steht der zierlich-romantische *Kuha Karuhas Pavillon* mit blauen Dachgiebeln und rosa Spitzenvorhängen. Er wurde anlässlich des Besuchs von König Chulalongkorn (Rama V.) 1890 aus Bangkok hierher versetzt und ist heute das Wahrzeichen der Region Prachuap Khiri Khan.

Beim Ort **Prachuap Khiri Khan** südlich des Nationalparks hat man die schmalste Stelle des Landes erreicht. Einzige Attraktion der Stadt ist der tempelgekrönte ›Spiegelberg‹ *Khao Chong Krachok* mit seiner herrlichen Aussicht: Südmyanmar liegt gleich hinter den *Tenasserim Mountains*, ganz nah und doch von hier aus unerreichbar.

i Praktische Hinweise

Hotel

Evason Hua Hin & Six Senses Spa, 9 Moo 5 Paknampran Beach, Prachuap Khiri Khan (8 km außerhalb von Pranburi), Tel. 032/63 21 11, www.sixsenses.com. Hotelanlage mit hübschen Zimmern und etwas eng stehenden bambusverkleideten Bungalows auf Pfählen.

16 Chumphon

›Das Tor zum Süden‹: Ab hier zeigt Thailand sein tropischstes Gesicht.

Eine üppig-grüne Szenerie begegnet dem Reisenden auf dem Weg nach Süden. Die Landschaft wird zunehmend tropischer. Man sieht Kokospalmenhaine, Kautschukbäume und Pinienwälder, Ananasfelder und Bananenplantagen, feuchtglitzernde Reisfelder und Kaffeeplantagen. An der Küste ragen markante Gipfel

In der Höhle und doch unter freiem Himmel – königlicher Pavillon in der Tham Phraya Nakhon

Früh am Morgen haben Naturfreunde den Strand von Sai Ri noch ganz für sich allein

auf. Zu den Hauptexportgütern des südlichen Thailand gehören tropische Früchte, Palmöl und Gummi. Das Gebiet um Chumphon, ›Tor des Südens‹ genannt, ist nicht von ungefähr so grün und fruchtbar. Während der Monsunzeit (besonders Okt./Nov.) ist es die Zone mit den stärksten Niederschlägen und immer wieder kommt es zu Überschwemmungen. Das gilt es bei der Reiseplanung zu berücksichtigen.

Chumphon selbst ist ein angenehmes, aber wenig aufregendes Städtchen – mit Ausnahme des lebhaften *Night Market* beim Kom Luang Chumphon Denkmal unweit des Bahnhofs. Hier kann man allerlei Spezialitäten probieren, darunter auch köstliches Obst. Vom alten Fischereihafen **Paknam** an der Mündung des Klong Tha Taphao rund 10 km südöstlich des Zentrums kann man die malerische Küste und die Inselwelt erkunden. Das Hafenviertel wird geprägt von Holzhäusern auf Stelzen. Unten sitzen Frauen im Schatten der Veranden, die Münder rot vom Betelnuss kauen, und flicken Netze oder flechten Körbe. Im Hafenbecken dümpeln unzählige Kutter: nagelneue Exemplare in bunter Aufmachung, seit Generationen vererbte Lebensbegleiter mit abblätternder Farbe oder todgeweihte Rosthaufen, die nur noch zur Hälfte aus dem schlammbraunen Wasser des Kanals ragen. Die Männer tragen karierte Hüfttücher, der eine oder andere hantiert mit einer Machete. Erst am Abend fahren die meisten Fischer wieder hinaus aufs Meer. In klaren Nächten mit ruhiger See kann man ihre beleuchteten Stangen strahlen sehen – so lassen sich Tintenfische am besten anlocken.

16 km nördlich der Stadt liegt der **Thung Wua Laen Beach** mitten im Grünen, ein schöner, weitgehend naturbelassener Sandstrand. Das hier ansässige *Chumpon Cabana Resort* (s. u.) organisiert Schnorchel- und Tauchtouren zu den Korallenriffen der Küstengewässer. 22 km südlich von Chumphon warten am **Hat Sai Ri** jede Menge Suppenküchen, Sonnenschirme und Liegestühle auf Wochenendausflügler. Einige Jugendliche stehen im Kreis und spielen *Takraw* mit artistischem Körpereinsatz: Ein kleiner Rattanball muss so lange wie möglich in der Luft bleiben, dazu dürfen alle Körperteile eingesetzt werden – mit Ausnahme der Hände. Sehenswürdigkeiten sind ein stillgelegtes *Tornado-Schiff* der Thai-Navy aus dem Zweiten Weltkrieg und der weiße *Schrein für Abhakara Kartwongse*, den Prinz von Chumphon († 1923), einen Sohn König Chulalongkorns. Der prinzliche Admiral wird als Begründer der thailändischen Marine verehrt.

Etwa 2 km weiter südlich bietet der Hügel **Khao Chao Mueang** oberhalb eines weiteren schönen Strandes ein-

Weiße Sandbänke verbinden die Felseilande Ko Nang Yuan vor Ko Taos Nordwestküste

drucksvolle Küstenpanoramen und Fernsicht auf etwa **40 Inseln**. Sie sind oft felsig und zerklüftet, und gern bauen hier Schwalben ihre Nester, z. B. auf *Ko Lang Ka Chiu*. Zwischen Februar und Juli sammeln Einheimische die Nester auf halsbrecherischen Kletterpartien mit Hilfe von Bambusstangen ein und verarbeiten sie zu Suppe, die für viele Baht nach China exportiert wird. Das Geschäft scheint außerordentlich einträglich zu sein, denn die Inseln werden von bewaffneten Wächtern beschützt.

Auf dem Festland gibt es einige interessante **Tropfsteinhöhlen**, darunter die riesige *Tham Khao Khriap*, 81 km weiter südlich, oder *Tham Rap Ro*, etwa 32 km nördlich von Chumphon.

i Praktische Hinweise

Schiff

Lomprayah High Speed Catamaran, www.lomprayah.com, Tel. 077/55 82 12. Expressboote zu den Inseln Ko Tao, Ko Pha-Ngan und Ko Samui, auch als Paket mit Busanreise von Bangkok, Tel. 02/629 25 69, zu buchen.

Hotels

Chumphon Cabana Resort & Diving Center, 69 Moo 8, Thung Wua Laen Beach, Pathiu, Chumphon, Tel. 077/ 56 02 45, www.cabana.co.th. Anlage mit schönem Garten an herrlichem Strand im Norden. Verschiedene Bungalows und Holzhütten, z. T. Bad im Freien. Angeschlossen sind ein Strandrestaurant und eine Tauchschule.

Novotel Chumphon Beach Resort & Golf, 110 Moo 4, Parandonpab Beach, Tambon Paknam, Chumphon, Tel. 077/52 95 29, www.novotel.com. Lichtdurchflutetes, elegantes Refugium am

Ein Paradies für Taucher – farbenprächtige Korallenbänke in den Gewässern rund um Ko Tao

Parandonpab Beach 15 km südlich von Chumphon. Die familienfreundliche Anlage hat 86 geräumige Zimmer (mit WLAN). Große Poollandschaft und Golfplatz. Hochseeangeln möglich.

17 Ko Tao

Wildromantische Insel in einem der bedeutendsten Tauchgebiete des Landes.

Ko Tao, die ›Schildkröteninsel‹, präsentiert sich überwiegend bergig, es weist viele zauberhafte Buchten auf und kann und darüber hinaus mit einigen sehr schönen Sandstränden beeindrucken. Einst diente das winzige Eiland (8 km lang, 3 km breit) als Verbannungsort für politische Gefangene – erst um die Mitte der 1980er-Jahre entdeckten Rucksacktouristen und vor allem Taucher Ko Tao als Reiseziel.

Damals gab es nur eine Handvoll Hüttenunterkünfte auf der Insel, heute hingegen verfügt sie über zahlreiche Hotels und Bungalowdörfer verschiedener Kategorien meist in romantischer Lage am Meer. Vor allem zwischen März und Mai ist Ko Tao häufig überlaufen, mit einem großen Anteil Tagesausflügler, die es zum Baden, Schnorcheln bzw. Tauchen in hellen Scharen hierher zieht.

Die Unterwasserwelt um Ko Tao und die Nachbarinseln ist ein **Taucherparadies**, in dem man Walhaie, Teufelsrochen und Riesenzackenbarsche beobachten kann. Zu den favorisierten Tauchgründen zählen Shark Island und die Northern Pinnacles. Einige Bereiche werden allerdings zeitweilig für den Tauchsport gesperrt, damit die Korallen sich wieder erholen können [s. S. 133].

Touristisches Zentrum von Ko Tao ist der Fährhafen **Mae Haad** an der Westküste. Er verfügt über einen von Granitfelsen umrahmten Strand mit kleinen Hotels, über gute Restaurants und etliche Bars. Nördlich schließt sich der 2 km lange **Sairee Beach** an, der beliebteste und trubeligste Strand der Insel, welcher von Hotels, Resorts, Restaurants und Tauchschulen gesäumt wird. Etwas ruhiger präsentieren sich die Strände südlich von Mae Haad, etwa die pittoreske **Jansom Bay** und **Chalok Baankao Bay**. Wegen ufernaher Korallenbänke ist das Baden an manchen Stränden übrigens nur bei Flut ohne Einschränkungen möglich.

Rund um die Insel locken weitere, zum Teil klitzekleine Buchten, die meist nur per Boot oder zu Fuß über die Klippen zu erreichen sind. Doch gerade diese Küstenabschnitte erweisen sich als wahre Paradiese, ideal für tagelanges Dösen in der Hängematte.

Bei einer **Inselumrundung** per Boot kann man die rund geschliffenen Granitfelsen mitten im Grün der Kokospalmen und bewaldeten Hügel bewundern. Zwischenstopps zum Schnorcheln bieten sich an, z. B. an der nördlichen Mango Bay und im Osten an der Hin Wong Bay.

Im Nordwesten von Ko Tao wächst das malerische **Ko Nang Yuan**, aus dem kristallklaren Meer: Drei winzige Inseln, die durch zwei schmale Streifen Sandstrand miteinander verbunden sind – bei Flut trennt türkisgrünes Wasser die Eilande, die als Naturschutzgebiet ausgeweisen sind. Unter Bäumen klettern Bungalows die felsigen Hänge hinauf, auf der Sandbrücke stehen ordentlich die Liegestühle bereit. Die Idylle, die dieses Fleckchen Eden einst darstellte, lässt sich erst am späten Nachmittag erahnen, wenn die Speedboote der Tagesausflügler ihre Anker gelichtet haben und die vielen Tauchgruppen wieder abgetaucht sind.

i Praktische Hinweise

Schiff

Lomprayah High Speed Catamaran, www.lomprayah.com, Tel. 077/45 61 76. Anreise per Expressboot, auch als Paket mit Busanreise von Bangkok zu buchen.

Hotels

Ko Tao Resort, 19/1 Moo 3, Chalok Baankao Bay, Ko Tao, Tel. 077/45 61 33, www.kotaoresort.com. Hotelanlage im Grünen über einem malerischen Sandstrand. Zimmer und Apartments verschiedener Kategorien als Strandvilla, Bungalow oder Luxusgemach der Paradise Zone mit Panoramablick. Pool und Fünfsterne-Tauchschule.

Sai Thong Resort & Spa, Sai Nuan Beach, Ko Tao, Tel. 077/45 64 76. Einfache Stelzenhütten und komfortablere Bungalows an wunderschönem Sandstrand unweit der Jansom Bay. Nur zu Fuß oder per Boot zu erreichen.

Jamahkiri Spa & Resort, Tel. 077/45 64 00, www.jamahkiri.com. Designerpavillons à la Antoni Gaudí auf Felsen an der Südküste unweit des Sai Daeng Beach. Mit Pool und Tauchschule, stimmungsvollem Restaurant und hübscher Bar.

18 Ko Phangan

Wilde, bergige Schönheit mit weißen Stränden und wilden Mondparties.

Eine kleine Landzunge im Südwesten machte die Insel Ko Phangan bekannt: Am Strand des Fischerdorfs **Hat Rin** trafen sich in den 1980er-Jahren Hippies aus aller Welt, frönten der Freikörperkultur und ließen die Pfeifen kreisen. Dass die Bucht malerisch, der Strand schneeweiß und das Wasser türkisblau war, sprach sich in Windeseile herum. 1987 fand am Hat Rin zum ersten Mal eine *Full Moon Party* (www.fullmoonpartykohphangan.com) statt. Es dauerte nicht lange und das Strandfest avancierte zum internationalen Event für Mondsüchtige und Partypeople, die bei Vollmond zu psychedelischen Klängen die Nacht durchtanzen wollten. Heute ist die Full Moon Party ein Riesenmusikspektakel, bei dem Dutzende von DJs Techno, Drum & Bass oder Trance aus den Lautsprechern wummern lassen. Das einstige Fischerdorf ist heute Urlaubsort und der Strand ein wahrer Tummelplatz. Für alle, die nach Vollmond weiterfeiern wollen, gibt es andere Events wie das *Half Moon Festival* (www.halfmoonfestival.com), das zwei Mal im Monat am Strand **Hat Ban Tai** weiter nördlich stattfindet.

Wem der Sinn mehr nach Meditation und Ruhe steht, kann sich bei Ban Tai zum *Retreat* in den **Wat Khao Tahm** (www.watkowtahm.org, aktuelles Programm und Voranmeldung) zurückziehen. Die Meditationskurse dauern 10–20 Tage.

Da Ko Phangan die fünftgrößte Insel Thailands ist, hält sich der Touristentrubel vielerorten in Grenzen, und das Alltagsleben der 10 000 Inselbewohner scheint zu sein wie eh und je. Im Inselinneren etwa führt ein grauhaariger Mann mit Sarong um die Hüften seinen Wasserbüffel über die Straße. An der Küste trocknen vor den Fischerhütten Tintenfische auf großen Drahtgestellen in der Sonne, feurige Chili-Schoten liegen verschrumpelt auf Matten am Straßenrand, Frauen stehen inmitten eines Berges von Kokosnüssen und schlagen sie auf. Die Kokosnussberge lassen die Bedeutung der vielseitigen Tropenfrucht für die Wirtschaft der Insel erkennen: Die meisten Kokosnüsse auf Bangkoks Märkten stammen von Ko Samui und Ko Phangan.

Grüne Gipfel, ein Meer aus schwankenden Palmwipfeln und der tiefblaue Oze-

Es muss nicht immer der Vollmond sein, der am Strand von Hat Rin die Nacht zum Tage macht

an, vom Aussichtspunkt auf dem **Khao Phang** schweift der Blick in 300 m Höhe über die wunderschöne Insel. Zu erreichen ist dieser Ausguck, indem man auf der Inselstraße vom Fährhafen **Thong Sala** – dem Hauptort an der Westküste mit Postamt, Reisebüro, Banken, Restaurants – gen Norden steuert, bei km 4 rechts abbiegt und dann etwa 1 km auf dem Asphaltweg bis zum Parkplatz am *Phaeng Waterfall* (in der Regenzeit sehenswert, mit Naturlehrpfad) fährt. Die anschließende Kletterpartie durch Gestrüpp und über Steine wird mit einer herrlichen Sicht auf den Golf von Thailand belohnt. Ko Phangan, das 170 km^2 große Eiland, besteht zu mehr als zwei

Hingucker – schrilles Outfit ist gern gesehen bei den Strandparties auf Ko Phangan

Dritteln aus Bergen. Regenwald und Palmenhaine prägen das atemberaubend schöne Landschaftsbild. Atemberaubend sind auch die Küstenstraßen der Insel. Im Vergleich zu ihnen sind Achterbahnen die reinsten Kinderwiegen, und so manche Schotterpiste führt nach fast senkrechter Steigung oben scheinbar über die Klippen geradewegs ins Nichts.

Vom Aussichtspunkt geht es zur Nordküste, wo der Hafenort **Chaloklam** Anlaufstelle für viele Fischkutter und Fischerboote ist. Hier herrscht meist reges Treiben zwischen ausgebreiteten Netzen und feuchten Körben, zappelnden Fischen und Meerjungfrauen am Bug.

In dieser Region finden sich auch einige der schönsten **Strände** von Ko Phangan. Manche sind nur mit dem Boot oder über steile Pfade erreichbar, und nicht alle sind uneingeschränkt zum Baden geeignet. Im Nordwesten und Nordosten liegen **Hat Yao** (Long Beach), Hat Chao Phao und Hat Salad. Taucher finden hier und an allen größeren Stränden Tauchbasen wie *Haad Yao Divers* (http://haadyaodivers.com), die Korallenriffe vor der Küste ansteuern oder Tagesausflüge nach Ko Tao usw. durchführen.

Auch die Ostküste der Insel lockt mit einigen Starstränden wie dem nur vom Wasser aus zugänglichen **Hat Kuat** (Bottle Beach) oder dem herrlichen Doppelstrand **Thong Nai Pan Yai** und **Thong Nai Pan Noi**. Weiter südlich erschließt ein

Pfad vom Strand **Hat Sadet** einen Teil des *Than Sadet Ko Phangan National Park*. Man wandert entlang des ›Königsflusses‹ **Than Sadet** zum gleichnamigen Wasserfall. Felsinschriften und ein Pavillon erinnern an prominente Besucher: Den Reigen der Monarchen eröffnete 1887 König Chulalongkorn (Rama V.); auch der populäre Bhumipol weilte schon hier.

Praktische Hinweise

Information

TAT, 5 Thalad Mai Road, Ko Phangan, Tel. 077/28 88 18, tatsurat@tat.or.th

Schiff

Lomprayah High Speed Catamaran, www.lomprayah.com, Tel. 077/23 84 11. Anreise per Expressboot, auch als Paket mit Busanreise von Bangkok zu buchen.

Hotels

Green Papaya Resort, Hat Salad Beach, Ko Phangan, Tel. 077/37 42 30, www.greenpapayaresort.com. Hübsches Boutique-Hotel an der Nordwestküste mit 20 Zimmern am Strand unter Palmen, mit Pool und Boot-Restaurant.

Loyfa Natural Resort, Hat Sri Thanu, Ko Phangan, Tel. 077/37 73 19, www.loyfanaturalresort.com. Sehr schöne familiäre Anlage aus verschieden großen Cottages und Pool-Villen, am eigenen Mini-Strand oder am Hang, etwas abseits gelegen. Herrliches ruhiges Sunset-Strandlokal, kleiner Pool.

Panviman Resort, Thong Nai Pan Noi Beach, Ko Phangan, Tel. 077/44 51 01, www.panviman.com. Komfortable Bungalowanlage oberhalb des herrlichen Doppelstrands. Gediegen eingerichtete Villen und Cottages im Grünen, ein Restaurant mit Ausblick sowie Swimmingpool und Wellness Spa.

Gelassen sieht Big Buddha am nach ihm benannten Strand den Trubel zu seinen Füßen

19 Ko Samui

Ang Thong Marine National Park

Ob Hängematte oder Marmorwanne – auf Ko Samui findet jeder die passende Bleibe.

Zuerst entpuppen sich die Punkte auf dem Meer als Fischerboote. Dann wird aus den Schatten unter Wasser ein Ring aus Korallenriffen. Ein Berg im Meer, palmenbestanden und von Sand gerahmt, kommt über der Tragfläche in Sicht. Wenn der Flieger der Bangkok Airways eine Schleife über dem Golf von Thailand zieht und zur Landung ansetzt, zeigt sich auf der Insel eine Kette von türkisblauen Flecken. Nach Sonnenuntergang markieren beleuchtete Swimmingpools eindrucksvoll die Küstenlinie von Ko Samui.

Die **Kokosinsel**, drittgrößte Insel Thailands, ist heute Ziel von knapp 900 000 Besuchern pro Jahr – und das hat gute Gründe: lange Sandstrände, verträumte Buchten, Palmenhaine und Regenwald, Wasserfälle und Tempel, Felsklippen, Fischerdörfer und Souvenirmärkte, Szeneclubs, Bars, Pubs und Büffelkampfarena, Hahnenkämpfe und Schmetterlingsfarm. Man hat die Wahl: Action oder Faulenzen oder auch beides im Wechsel. Von Oktober bis Dezember kommt es hier jedoch häufiger zu heftigen Regenfällen und tropischen Stürmen.

Dank des 1989 eröffneten Flughafens ist Ko Samui von Bangkok aus in etwa 70 Min. zu erreichen. Was in den 1970er-Jahren mit der Vermietung einfacher Standhütten begann, ist heute eine vielfältige touristische Infrastruktur, zu deren Glanzlichtern gestylte und schön gelegene Luxushotels gehören. Sie zieren vornehmlich die Strände Chaweng und Lamai an der Ostküste.

Romantische Abendstimmung am Big Buddha Beach im Norden von Ko Samui

Inselrundfahrt – Start im Westen

247 km^2 Inselfläche wollen erkundet werden, und dazu begibt man sich am besten auf die etwa 50 km lange Ringstraße. Hauptort Ko Samuis ist **Nathon**. Die Stadt an der Westküste bietet jede Menge Einkaufsmöglichkeiten. Es gibt Souvenirshops, Schneidereien, Sport- und Modegeschäfte. Markt und Straßenstände offerieren die Früchte der Insel: Rambutan, Durian, Mangosteen und die angeblich besten *Lamyai* (süße Frucht) oder *Langsat* (süßsauer) im ganzen Königreich.

Im Nordosten schaut aus 12 m Höhe **Big Buddha** von seinem Hügel oberhalb eines Klosters auf Fischerboote und Sonnenanbeter am **Big Buddha Beach** (Bangruk) herab. Seinem entspannten Gesichtsausdruck ist nicht zu entnehmen, ob er mit der Entwicklung Ko Samuis zum Uralubsparadies einverstanden ist. Die Gäste landen quasi vor des Erleuchteten Nase. Bevor der Buddha auf der Insel *Ko Fan* und der Damm dorthin 1972 erbaut wurden, war das Eiland ein Meditationsort für buddhistische Mönche: Bei jeder Flut war Ko Fan von Ko Samui abgeschnitten, und so herrschte hier himmlische Ruhe. Heute empfängt ein Dorf aus Souvenirläden die zahlreichen Besucher.

Hier im Norden kann Ko Samui mit Maenam Beach und Bophut Beach zwei weitere schöne Strände aufbieten. Alle drei sind weniger touristisch als die Strände im Osten und haben viel von ihrem ursprünglichen Charme bewahrt. **Maenam** wurde durch das elegante *Santaburi Resort* bekannt, welches zusammen mit dem Schwesterresort *Bo Phut* (www.santiburi.com) auch einen der besten Golfplätze der Insel unterhält. Der einstige Fischer- und Hippieort **Bophut** nennt sich heute *Fisherman's Village*, verwandelt sich jeden Freitag (17–23 Uhr) in eine Fußgängerzone und bezaubert mit seiner entspannten Atmosphäre. Hier findet man gemütliche Cafés und Restaurants sowie kuriose chinesische Kramläden. Die Strände der Nordküste bieten auch herrliche Ausblicke auf die bergige Nachbarinsel *Ko Phangan* [s. S. 62], die rund 20 km entfernt liegt und mit dem Boot oder per Fähre ab Bophut oder Maenam zu erreichen ist.

Südseezauber der Ostküste

Für alle Urlauber, die Trubel und Parties bis in den Morgen bevorzugen und für die nachmittags um 3 Uhr der Tag am Frühstücksbüffet erst anfängt, ist TOP TIPP **Chaweng** im Nordosten der richtige Ort. Hier lassen satt brummende Soft-Chopper, knatternde Mofas und Cross-Motorräder den Staub in der Hauptstraße nicht zur Ruhe kommen. Allenthalben gibt es laute Beer Bars und Disco Paläste, die neuesten Hits tönen aus Lautsprechern an allen Ecken, Flug-

Sommer, Sonne, Strandleben – Lamai Beach wartet mit allen erdenklichen Urlaubsfreuden auf

zeuge brausen im Landeanflug hoch über den Straßen, zwischendurch ertönen Wortfetzen in Italienisch, Deutsch oder Holländisch, kurzum die Geräuschkulisse in Chaweng ist äußerst abwechslungsreich. Und auch am 7 km langen Strand **Chaweng Beach** kann es keinem langweilig werden: Wellenreiten auf der ›motorisierten Banane‹ oder Paragliding über glitzerndem Meer, Sonnenbaden auf feinem weißen Sand oder Shopping ohne auch nur einen müden Muskel zu belasten – die Souvenirhändler und Imbissköche kommen voller Diensteifer direkt zu ihren Kunden an den Strand.

Virtuos vereint die Marktfrau in Bophut traditionelle Küche und moderne Kommunikation

Die Schokoladenseite von Chaweng zeigt sich bei mehreren Stopps auf der Weiterfahrt gen Süden – eine Tropen-Palmen-Meeres-Traumkulisse, umkränzt von künstlerisch geformten Granitfelsen, entfaltet dem Betrachter ihren Charme.

Lamai, das zweite Touristenzentrum der Ostküste, hört man nachts schon lange bevor man es sieht. Der Ort besteht aus einem langen *Sandstrand* und der höchsten Konzentration an Strandbars, mehr gibt es nirgendwo anders auf der Insel. Wer in den Ferien auf die Bundesliga und Currywurst mit Pommes nicht verzichten kann oder mag, liegt hier genau richtig.

Nicht weit entfernt locken zwei merkwürdige Felsformationen viele Neugierige und Fotografen an: **Hin Ta** und **Hin Yai**, Großvater und Großmutter, sind kuriose Naturattraktionen mit unverblümt erotischen Formen.

Dschungeltour im Inselinneren

Ein Ausflug per Jeep oder auf dem Elefantenrücken ins gebirgige, fast menschenleere Innere der Insel führt durch Regenwald und Palmenhaine, vorbei an Farnen und Hibiskussträuchern, Bambusbüscheln, Bananenstauden und Baumriesen. Vom höchsten Punkt der Insel, dem 635 m hohen **Khao Thai Kwai**, erblickt man die Südküste mit den vorgelagerten Inseln **Ko Tan** und **Ko Mat Sum**. In den sanft geschwungenen Tälern gehören Gummibaumwälder, Felder mit Kaffeesträuchern oder Pfefferschoten, Bäume mit Cashewnüssen, Durian und Pampelmusen sowie Wasserbüffel zu den Impressionen vom ländlichen Ko Samui.

Eine Mumie im Süden

Der **Wat Khunaram** (Shorts und Trägerhemdchen sind hier fehl am Platz) an der Ringstraße wartet mit einer für Europäer eher makabren Attraktion auf, die in Thailand allerdings nicht ungewöhnlich ist: Ein berühmter Meditationslehrer und Mönch hat sich hier selbst ein Denkmal geschaffen, indem er sich nach seinem Tod 1973 mumifizieren und in einen verglasten Schrein setzen ließ, wo er nun hinter dunklen Brillengläsern scheinbar weitermeditiert.

Zwei Wasserfälle einige Kilometer weiter, **Hin Lat Waterfall** (2 km südöstlich von Nathon) und **Na Muang Waterfall**, sind als Kontrastprogramm zum Strandleben durchaus einen Abstecher wert.

Muslimische Fischer und fleißige Erntehelfer

Viele der 55 000 Samuianer leben in Nathon oder in einem der vergleichsweise verträumten Küstenorte. Auch im Inneren der Insel geht es gemütlich zu. In **Ban Hua Thanon** oder **Ban Taling Ngam** z. B. sitzen ältere Insulaner beim Plausch auf den Terrassen ihrer Holzhäuser. In den Fischerorten rufen Imame die gläubigen Muslime zum Gebet in die Moschee. Viele Menschen leben hier noch vom Fischfang und vom Handel mit *Kokosnüssen*. Wie Ko Phangan liefert auch Ko Samui Unmengen Kokosnüsse in die Hauptstadt. Erntehelfer sind die Affen: In Surat Thani [s. S. 69] dressierte männliche Makaken klettern auf die Palmen, suchen mit Kennerblick die reifen Kokosnüsse aus und drehen sie so lange mit den Füßen, bis die Früchte abfallen.

Ausflug

42 Inseln gehören zum 1980 eingerichteten **Ang Thong Marine National Park** (Tel. 077/28 60 25, www.dnp.go.th/parkreserve). Er liegt 20 km westlich von Ko Samui und erstreckt sich über 102 km². Etliche Agenturen bieten Tagestouren per Boot oder Kanu an. Das Naturschutzgebiet mit seinen wildromantisch zerklüfteten Inseln, Felsbrücken und Felsnadeln bietet neben zahlreichen schönen Stränden gute Schnorchel- und Tauchreviere. Außerdem kann man Wasservögel wie Seeadler, Königsfischer und Nashornvögel beobachten oder die Eilande auf Naturlehrpfaden erkunden. Zu den besonderen Attraktionen zählt die Insel **Ko Mae Ko** mit ihrem grün schimmernden Salzwasser-Bergsee *Talay Nai*. Auf **Ko Wua Talap** befindet sich das Hauptbüro des Nationalparks. Von dort erreicht man über einen steilen Pfad den spektakulärsten Aussichtspunkt der Inselgruppe. Ein anderer Pfad erschließt die große Tropfsteinhöhle *Bua Bok Cave*. Im Ang Thong stehen auch ein Restaurant und Unterkünfte zur Verfügung.

i Praktische Hinweise

Information

TAT, 370/3 Tambon Ang Thong, Ko Samui, Tel. 077/42 12 30, tatsamui@tat.or.th

Flughafen

Ko Samui Airport, Tel. 077/24 56 01, Büro Bangkok, Tel. 022/65 55 55

Bangkok Airways, www.bangkokair.com. Die Airline bedient auch exklusiv die Strecke Bangkok – Trat auf dem Weg nach Ko Chang [s. S. 52]

Schaukelnd geht es auf dem Elefantenrücken durchs hügelige Inselinnere von Ko Samui

Schiff **Lomprayah High Speed Catamaran**, www.lomprayah.com, Tel. 077/42 77 65. Überfahrt per Expressboot, auch als
Paket mit Busanreise von Bangkok, sowie Transfer zu den Nachbarinseln.

Sirithara Ocean Queen, Büro Pattaya, Tel. 038/26 51 13 46. Schiffsverbindung zwischen Pattaya und Ko Samui (24 Std.), Stopp auch in Ko Pha-Ngan.

Hotels

Buri Rasa Village, Chaweng Beach, Ko Samui, Tel. 077/23 02 22, www.burirasa.com. Mitten am Trubelstrand, aber trotzdem Ruhe und familiäre Atmosphäre: Das wunderschöne Hideaway bietet originelle Zimmer und guten Service, Pool mit Meerblick (deutsches Management).

Centara Villas Samui, 111 Moo 2, Maret, Natien Beach, Ko Samui, Tel. 077/42 40 20, www.centarahotelsresorts.com. Resort im abgelegenen Süden der Insel. Etwas eng stehende, aber gleichwohl ruhige Holzbungalows unter Kokospalmen am Hang. Schöne Zimmer, Swimmingpool, Terrassenrestaurant, kleiner Strand.

Rocky's Boutique Resort, Lamai Beach, Ko Samui, Tel. 077/23 30 20, 438/1, Moo 1, Maret, Ko Samui, www.rockyresort.com. Pittoreske Anlage mit Bungalows und Villen in tropischem Garten. Drei Strände zwischen Granitfelsen, es gibt zwei Pools, Spa und Sportangebot von Tennis über Karate und Yoga bis zu Schnorcheltrips.

Tamarind Retreat, Thong Takian, Ko Samui, Tel. 077/42 42 21, www.tamarindretreat.com. Der Gast wohnt luxuriös mitten in der Natur, hat Zugang zum Strand und genießt eine der besten Spa- und Wellness-Oasen Thailands.

The Imperial Boat House, 83 Moo 5, Choeng Mon Beach, Ko Samui, Tel. 077/42 50 41 52, www.imperialhotels.com. Direkt am Palmenstrand gelegen. Pool und Villas in Bootsform im Garten, das Haupthaus liegt etwas zurückgesetzt.

TOP TIPP **Zazen Boutique Resort & Spa**, 177 Moo 1, Bophut Beach, Ko Samui, Tel. 077/42 50 85, www.samuizazen.com. Schickes Hotel mit viel Sinn für künstlerisches Dekor, 28 gestylte Villen am Strand oder im Garten mit Freiluft-Bädern. Pool und Spa-Pavillon. Zum Angebot gehören auch Kanutouren durch den Ang Thong Marine National Park.

Restaurants

Red Snapper, 155/4 Moo 2, Chaweng Beach Road, Chaweng, Tel. 077/42 20 08, www.redsnappersamui.com. Hier schmeckt der Mojito tatsächlich wie ein Mojito! Dezent-schickes Lokal mit anspruchsvoller Bar, ab 21.30 Uhr Livemusik.

Samui Beverly Hills Resort & Restaurant, 211 Moo 4, Maret, Ko Samui, Tel. 077/42 22 32, www.samuibeverlyhills.com. Schöner Blick über Palmenwipfel Richtung Chaweng Beach und Ko Pha-Ngan. Die europäischen und thailändischen Speisen stehen dem optischen Hochgenuss in nichts nach (tgl. 8–22 Uhr). Mit Bungalows am Hang.

Maritimes Flair – Apartments des Imperial Boat House Hotel am Choeng Mon Beach

Katoeys – wenn Thai-Männer sich verwandeln

Natascha ist eine bekannte Schönheit auf Ko Samui: Die langmähnige Bardame steht allabendlich in Chaweng hinter der Theke einer Bar und strahlt ihr schönstes Lächeln. Kokett ist sie, nur das Make-up wirkt ein bisschen dick aufgetragen, wie bei vielen Mädchen hier. Oft verrät nicht einmal mehr ein Adamsapfel, dass sie als Jungen geboren wurden. In unzähligen thailändischen Bars und Nachtklubs arbeiten solche Transfrauen. Obgleich die **Katoeys** (Ladyboys) in der thailändischen Gesellschaft mit ihrer vom Buddhismus geprägten Toleranz eher akzeptiert werden als im Rest der Welt, haben sie selten die Chance, in anderen Berufen Fuß zu fassen.

Der Film ›Beautiful Boxer‹ (2003) erzählt die ungewöhnliche Geschichte des Jungen Nong Toom, der trotz seines Hangs zur Weiblichkeit Thai-Boxer wird, um seine Familie finanziell zu unterstützen. Aufsehen erregt er, als er geschminkt und später sogar im BH in den Ring steigt. Was ihm anfänglich Sympathien einträgt, gerät im Laufe der Zeit immer mehr zum Hindernis, da die meisten Boxer sich weigern, gegen ihn anzutreten. Nach dem Ende seiner Boxkarrierre 1999 unterzieht er sich einer geschlechtsangleichenden Operation. Heute ist Nong mit weiblichem Namen **Parinaya Charoemphol** einer der bekanntesten Katoeys des Landes.

20 Surat Thani
Chaiya – Wat Suan Mokkh

Die Hauptstadt der größten Provinz in Südthailand.

Die Geschichte von Surat Thani, Hauptstadt der gleichnamigen Provinz, reicht bis ins 7. Jh. zurück. Damals gehörte die Hafenstadt zum indonesischen Großreich von Srivijaya, das vom indonesischen Archipel bis zum Isthmus von Kra reichte und bis ins 13. Jh. bestand. Heute ist Surat Thani an der Mündung des Tapi Flusses ein bedeutender Umschlagplatz für Kokosnüsse und Kautschuk und dient als Ausgangsbasis für die Überfahrt nach Ko Samui. Auf dem quirligen *Night Market* am Kai kann man die köstlichen Rambutan aus dieser Gegend probieren.

Etwa 13 km von Surat Thani entfernt geschieht im **Monkey Training College** (Tel. 077/22 73 51, www.firstmonkeyschool.com) bei Kanchanadit Ungewöhnliches: Man bildet Affen zu Kokosnusspflückern aus! Da die jungen Makaken eigensinnig sind, werden sie einzeln geschult. Besucher sollten sich aber vorher anmelden.

Mit der Bahn gelangt man in die geschichtsträchtige Stadt **Chaiya** 50 km weiter nördlich. Manche Historiker halten sie für die zeitweilige Hauptstadt des Srivijaya-Reiches. Einer der wenigen erhaltenen Zeugnisse der indonesischen Herrschaft ist die zierliche, mit kleinen Stupas verzierte Pagode des *Wat Borom That Chaiya* aus dem 8. Jh. am westlichen Stadtrand. Sie wurde unter König Chulalongkorn (Rama V.) restauriert. Auch einige Stein- und Bronzeskulpturen im benachbarten *Chaiya National Museum* (Mi–So 9–16 Uhr), darunter der Hindu-Gott Vishnu und der erleuchtete Bodhisattva Avalokitesvara, vermitteln einen Eindruck von jener Stilepoche.

In das Waldkloster **Wat Suan Mokkh** (www.suanmokkh-idh.org), 6 km südlich von Chaiya, ziehen sich Menschen aus aller Welt zu zehntägigen Meditationskursen zurück, die vor allem Atemtechniken vermitteln. Gästen steht das Zentrum der *International Dharma Heritage* in der Nähe zur Verfügung. Der Tempel selbst begeistert durch einen Bot in Schiffsform. Zur Baudekoration gehören Skulpturen und Malereien verschiedener

Der Mönch und sein Vorbild – auch im Kloster Wat Suan Mokkh weist Buddha den Weg

Stilrichtungen mit buddhistischen, surrealistisch inspirierten Motiven.

Große Naturerlebnisse verspricht eine Exkursion durch den rund 120 km weiter westlich gelegenen *Khao Sok National Park* [s. S. 73, 80], die meisten Touren starten jedoch von der Westküste.

i Praktische Hinweise

Information

TAT, 5 Talad Mai Road, Surat Thani, Tel. 077/28 88 18, tatsurat@tat.or.th

Flughafen

Surat Thani Airport, Thai Airways, Büro Bangkok, Tel. 022/80 00 60, www.thaiairways.com

Hotel

The Grand Saowaluk Thani Hotel, 99/99 Kanchanadit Road, Surat Thani, Tel. 077/21 37 00. Modernes Hotel am Stadtrand mit freundlichem Personal.

21 Nakhon Si Thammarat

Das Zentrum der Schmuck- und Schattenspielkünstler.

Nakhon Si Thammarat ist nach den Lehren Buddhas benannt und heißt ›schöne Stadt des Königs der vier edlen Wahrheiten‹. Etwa im 7. Jh. war der Ort das Zentrum des Reiches *Tambralinga*. Unter dem Namen *Ligor* spielte es im 8. Jh. eine bedeutende Rolle im Srivijaya-Reich. Dessen Herrscher ließ von hier aus die buddhistische Lehre auf der malaiischen Halbinsel verbreiten. Bis ins 13. Jh. bestanden rege Handelsbeziehungen mit Südindien und mit Ceylon. Im Stadtbild künden noch einige Hindu-Schreine von jenen Zeiten. Ab 1292 unterstand Nakhon dem Königreich Sukhothai, im 14. Jh. gab dann Ayutthaya den Ton an.

Obgleich die Stadt durch Versandung ihre Hafenfunktion längst eingebüßt hat – heute liegt sie 26 km landeinwärts –, blieb sie einer der bedeutsamsten Orte in Südthailand. Die *Altstadt* weist entlang der Hauptstraße Ratchadamnoen Road einige bemerkenswerte Sehenswürdigkeiten auf. Auch die wohl schon im 7. Jh. errichtete *Stadtmauer* ist noch in Teilstücken von insgesamt 3 km Länge erhalten geblieben, einschließlich Stadttor – einst gab es acht solcher Zugänge.

Nakhon ist eine Hochburg des **Kunsthandwerks**. Viele Werkstätten für Gold- und Silberschmuck säumen die Ratchadamnoen Road. Vor allem die *Niello-Technik* (in Silber oder Gold geritzte Hindu- oder Thaimotive und -symbole werden mit einer schwarzen Legierung ausgefüllt und mit filigranen Ornamenten versehen) kam in Nakhon zur Blüte. Neben allerlei Niello-Schmuck finden sich auch schöne Knöpfe oder Dosen.

Außerdem werden in der Stadt noch **Schattenspielfiguren** in alter Manier aus getrockneter, durchscheinender Büffelhaut gefertigt. Eine der Werkstätten, *Ban Nang Talung Suchart Subsin*, befindet sich in der Si Thammasok Road (110/18 Soi 3). Das Schattentheater stammt aus Malaysia und Indonesien und war früher im Süden Thailands als Volkskunst beliebt. Heutzutage kommen die *Nang Talung* Figuren nur noch an religiösen Feiertagen zum Einsatz, vor allem bei den Vollmondfesten.

Diese Schattenspielvorstellungen, welche oft Sagen aus dem Ramakien-Epos zum Inhalt haben, kommen am **Wat Phra Mahathat** (Ratchadamnoen Road) zur Aufführung. Mit seinem 77 m hohen *Chedi* in ceylonesischer Glockenform, bekrönt von einer massiven Goldspitze, ist er die zweitgrößte Pagode im Lande. Zu den Vollmondfesten strömen Scharen weiß gekleideter Pilger hierher, umkreisen den Chedi und behängen ihn mit orangefar-

Seit mehr als 600 Jahren ragt der Phra Borom That Chedi im Wat Phra Mahathat auf

benen Tüchern. Vermutlich wurde der Tempel, er gilt als einer der ältesten Thailands, im 8. Jh. unter der Srivijaya-Herrschaft errichtet, manche Datierung reicht gar bis ins 5. Jh. zurück. Kostbarster Schatz ist eine Zahnreliquie Buddhas, die aus Ceylon hierher gelangte. Ein Wandelgang umgibt den Tempelkomplex mit Innenhof und Garten: Hier sind über 100 ceylonesisch inspirierte Chedis, dazu unzählige Buddha-Statuen und Elefantenköpfe zu bestaunen. Im Inneren des *Viharn* beeindruckt die farbenprächtige Decke in Rot und Gold, die von zwei Säulenreihen getragen wird.

Beim Rathaus von Nakhon Si Thammarat steht ein Schrein mit der ebenso berühmten wie umstrittenen Statue des **Phra Buddha Sihing**. Es gibt einen weiteren Phra Sihing in Chiang Mai [s. S. 110] und einen im Nationalmuseum in Bangkok – bis heute blieb ungeklärt, welche der drei Figuren die echte ist.

Das **National Museum** (Mi–So 9–16 Uhr, Fei geschl.), am südlichen Abschnitt der Ratchadamnoen Road gelegen, präsentiert neben archäologischen Funden aus der Region auch zahlreiche Buddha-Statuen und hinduistische Götterfiguren. Hinzu kommen Kunsthandwerk und Gebrauchdsgegenstände wie Niello, Keramik, Kutschen und Kostüme.

i Praktische Hinweise

Information

TAT, Ratchadamnoen Road, Nakhon Si Thammarat, Tel. 075/34 65 15, tatnksir@tat.or.th

Flughafen

Nakhon Si Thammarat Airport, Thai Airways, Büro Bangkok, Tel. 022/80 00 60, www.thaiairways.com

Hotel

Nakhon Garden Inn, 1/4 Pak Nakhon Road, Nakhon Si Thammarat, Tel. 075/34 48 31. Modernes Hotel mit netten Zimmern, teilweise klimatisiert, mit WLAN.

Die Stabpuppen des Nang-Schattentheaters sind kunstvoll aus dickem Leder geschnitten

Die Westküste der Malaiischen Halbinsel – Segeltörns, Tauchabenteuer und Märchenlandschaften

Die Westküste der Malaiischen Halbinsel und die Inselwelt der **Andamanensee** bezaubern mit spektakulären Szenerien. Festland und Meer werden beherrscht von prähistorischen Sauriern und Riesen mit knolligen Nasen und wild wuchernden Bärten. Jedenfalls scheint es so angesichts der zerklüfteten Kalksteingebirge im **Phang Nga Bay Marine National Park**. Das Schönste verbergen die Felsriesen jedoch in ihrem Inneren, die **Hongs**, eine Kombination aus Höhle und Lagune – eine grandiose Märchenwelt, die Besuchern den Atem stocken lässt. Jede Bucht ein sonnenüberflutetes Juwel, jede Fahrt durch die Hügel- und Bergwelt ein kleines Allradabenteuer, jede Insel Schauplatz einer Robinsonade auf dem Segeltörn oder der Tauchreise durch die Andamanensee.

22 Khao Lak

Sandstrände, Hügel, Regenwald und atemberaubende Tauchgründe.

Badeurlaub am Busen der Natur: 25 km goldgelbe Strände im Schatten von Palmen, gerahmt von Buchten, Lagunen und imposanten Felsformationen, dahinter die grünen Hügel und Regenwälder zweier Nationalparks. Khao Lak mit seinen superben Sandsäumen und sattfarbenen Sonnenuntergängen lockt als beliebte Urlaubsdestination an die Andamanensee, etwa 80 km nördlich von Phuket. Am 26. Dezember 2004 prallte hier der Tsunami [s. S. 85] mit verheerender Wucht auf die Küste und hinterließ ein Trümmerfeld. Heute indessen sind die Spuren der Zerstörung längst verwischt, die restaurierten Strandhotels quirliger denn je in Betrieb.

Auftakt für Khao Lak bildet der Hafen *Tap Lamu* im Süden. Hier beginnt der Reigen der Sandstrände mit **Khao Lak Beach** und **Nang Thong Beach**, welche einige der beliebtesten Hotelresorts der Region aufweisen. Zwischen beiden breitet sich auf einer Landzunge am Meer der **Khao Lak Lamru National Park** (www.

Ganz einfach ein Traum – der Khao Lak Beach verheißt den perfekten Badespaß

np.go.th/parkreserve) aus. Sein Dschungelambiente erschließt ein etwa 7 km langer Wanderpfad, der zu den Waserfällen Lamru und Ton Chongfa führt. An der Küste folgen auf den Nang Thong Beach der gut erschlossene **Bang Niang Beach** und der malerische **Khuk Khak Beach**.

Neben Badefreuden und jeder Menge Wassersport bietet das Ferienparadies Khao Lak auch zwei Golfplätze, in Tab Lamru und Thai Muang. Unvergessliche Naturerlebnisse bietet eine Erkundung des bergigen, weiter westlich gelegenen **Khao Sok National Park** (www.kaosok.com), der mit Regenwald, Kalksteinfelsen, Wasserfällen und schönen Wanderwegen aufwartet. In diesem Naturparadies hat man 200 Vogelarten gezählt, aber auch Gibbons, Tiger, Bären und Elefanten sind hier beheimatet.

Gleichfalls faszinierend sind Touren durch die Inselwelten der Andamanensee, zu den *Similan Islands*, den *Surin Islands* und zum *Richelieu Rock* [s. S. 79]. Die Häfen von Tap Lamu (mit einem Büro des Similan National Park) und *Kuraburi* bieten Fährverbindugen (ca. 4 Std.), mit dem Charter-Schnellboot dauert es jeweils 90 Min. Von Phuket aus starten Tagesausflüge und mehrtägige Tauch-Exkursionen.

Dem thailändischen Alltag begegnet man bei einer Fahrt entlang der Küste gen Norden: Die Orte **Bangsak** und **Takuapa** (32 km) bieten bunte Märkte, alte Holzhäuser und nette Restaurants, in denen man auch indische Spezialitäten wie *Dal* oder *Vindaloo* kosten kann.

Etwa 20 Min. von Khao Lak entfernt liegt das Dorf Na Nai mit der **Hanseatic School for Life** (www.hsfl.net), einem nach dem Tsunami gegründeten Hilfsprojekt für Kinder in Not. Angeschlossen ist ein *Feriendorf* (www.charity-travel-thailand.de) mit hübschen Bungalows, Restaurant, Pool und Wellness Center. Das Freizeitprogramm für Gäste bietet Einblicke in die thailändische Kultur. Mit ihrem Aufenthalt helfen die Besucher zugleich der Schule, die aus den Mieteinnahmen mitfinanziert wird.

Praktische Hinweise

Hotels

Khao Lak Bay Front Resort, Khao Lak Beach, Tel. 076/48 56 41, www.khaolakbay front.com. Stilvolle Hotelanlage mit Zimmern und Bungalows in Strandlage oder mit Blick auf das grüne Bergland des Khao Lak Lamru National Park. Mit Pool, Spa und Freizeitangebot.

Khao Lak Resort, Khao Lak Beach, Tel. 076/42 81 12, www.khaolakresort.com. Edle Holzbungalows im thailändischen Stil in einem tropischen Garten, der sich unweit des Nationalparks vom Hügel bis zum Strand hinzieht. Mit Pool, Spa und Restaurant.

Sita Garden, Bang Niang Beach, Khao Lak, www.sitagarden.de. Propere Ferienbungalows und einfach-originelle Bambushütten unter Palmen am Strand.

Das Vegetarierfest – nichts für schwache Nerven

Eine der mystischsten und spektakulärsten Feste Thailands wird alljährlich im September/Oktober auf Phuket begangen. Die neun königlichen Götter steigen dann auf die Erde herab! Das **Phuket Vegetarian Festival** (www.phuketvegetarian.com) hat seinen chinesisch-taoistischen Ursprung vor rund 170 Jahren, als Malaria die chinesischen Minenarbeiter heimsuchte und **Fasten** und **Buße** sie wieder genesen ließen.

TOP TIPP

Während der Festtage essen die Gläubigen kein Fleisch oder tierisches Fett, trinken keinen Alkohol und haben keinen Sex. Neun Tage lang bestimmen okkulte Rituale das Treiben in Phuket City und in den fünf chinesischen Tempeln der Insel, bei denen Hunderte von weiß gekleideten Gläubigen sich in **Trance** tanzen und über glühende Kohlen laufen. Die Entrückten stechen sich Spieße, an deren Enden Bündel von Ananas und andere Gewichte hängen, durch Wangen und Zunge. Sie verspüren angeblich keinen Schmerz, und selbst wenn Blut fließt, scheint es ihnen nichts auszumachen. Die Priester und Gläubigen wollen mit den Selbstkasteiungen die Macht der **Kiu Ong Iah**, der neun königlichen Götter, demonstrieren und ihren Glauben an sie stärken.

Durch die Straßen klingen Gesänge, treiben Weihrauchschwaden und Goldpapierschnipsel. Auf zahllosen Tischen am Straßenrand stapeln sich die Opfergaben für die Götter. Besonders viel Trubel herrscht an den Tempelschreinen Bang Niew und Jui Tui. Eine Mitternachtsprozession begleitet die Götter beim **Finale** mit ohrenbetäubenden Kanonenschlägen und Feuerwerk ans Meer, von wo sie in den Himmel zurückkehren.

23 Phuket

Die einstige Urwaldinsel ist heute ein mondänes Urlaubsparadies.

Die ›Perle der Andamanensee‹ ist mit 539 km^2 die größte Insel Thailands. Ihre *Ostküste* wird von grünen Mangrovenwäldern bestimmt, die *Westküste* prahlt mit Bilderbuchbuchten und von Palmen beschatteten Sandstränden. Der Name Phuket stammt vom malaiischen Wort *Bukit* (Hügel) ab, und tatsächlich schwingen sich jenseits der Küste grüne Bergketten auf, und so mancher Abschnitt der Küstenstraße ist schwindelerregend steil. Im Hinterland stehen Gummibäume zu Abertausenden Spalier, so wie an den Stränden die Sonnenschirme. Phuket bietet grenzenlosen Urlaubsspaß, und wer am Pool liegen bleibt, verpasst viele Attraktionen: Schnorcheln in der bunt schillernden Unterwasserwelt der Küstengewässer (besonders zwischen November und April), Safaris auf Elefantenrücken, Pferdeausritte am Strand, Exkursionen in den Dschungel oder Kanutrips übers Meer und durch Tropfsteinhöhlen. Die Schönheiten der Andamanensee lernt man auch bei einem Törn mit einer gecharterten Seglejacht kennen, und rund um die 39 zumeist unbewohnten Nachbarinseln erschließen Tauchboote einige der spektakulärsten *Tauchgründe* [s. S. 79] der Welt.

Eine wohlhabende Region

Die Chao Le, die *Seenomaden* aus Indonesien, besiedelten im ersten Jahrtausend das ganz von Dschungel bedeckte Eiland. Noch heute leben schätzungsweise 20 000 Nachkommen der Seenomaden in Südthailand. Um 900 n. Chr. ankerten erstmals indische und arabische Seefahrer an den Küsten Phukets. Sie nutzten die Insel als Zwischenstation auf ihrer Reise mit den Monsunwinden, die

Der Put Jaw Tempel beim Markt setzt chinesische Architekturakzente in Phukets Altstadt

sie auf der Handelsroute von Indien in den Fernen Osten vorwärts trieben. Stets auf der Suche nach Gold und Silber, kamen die Portugiesen 1557 erstmals hierher und fanden einen Hafen vor, in dem mit Edelsteinen, Perlen und Rhinozeroshörnern gehandelt wurde. Die reichen Zinnvorkommen brachten erstamls im 19. Jh. chinesische Arbeiter ins Land. **Zinn** und **Kautschuk** machten Phuket in der Folgezeit zu einer der wohlhabendsten Regionen Thailands.

Heute leben die rund 200 000 Einwohner hauptsächlich von Tourismus und Fischfang, von Kokospalmen und Gummibäumen. Die Spuren des Tsunami vom 26. Dezember 2004 sind auch auf Phuket längst getilgt, und das Urlaubsparadies ist schön und lebensfroh wie zuvor.

Lebhaftes Inselzentrum

Die größte Stadt der Insel, **Phuket City**, wird geprägt von multikulturellem Handel und Wandel: Chinesische Kaufleute ließen im 19. Jh. Tempelschreine errichten, und die Portugiesen haben prächtige Bauten im sino-portugiesischen Stil hinterlassen, darunter Geschäftshäuser und Villen. Die **Altstadt** steht seit 1992 unter Denkmalschutz. Einige der historischen Gebäude wurden restauriert und bergen verschiedentlich attraktive Restaurants, darunter das *China Inn Café* (Tel. 076/217903) in der **Thalang Road**. In dieser und den angrenzenden Straßen – wie Dibuk, Phang Nga, Phuket, Rasada, Ranong, Yaowarat und Krabi Road – sieht man besonders viele architektonische Zeugnisse der Vergangenheit. Als Bilderbuchkulisse entpuppt sich vor allem die winzige Gasse Soi Rommanee. Um das Chinesische Neujahrsfest (Febr./März) findet in der Altstadt das *Old Phuket Town Festival* statt, bei dem das Kulturerbe der Insel zelebriert wird.

Bunt türmt sich das Angebot auf dem Obstmarkt an der Sim Phai Road in Phuket City

An der Ecke Phuket Road und Phang Nga Road fallen die **Polizice Station** mit Uhrturm und die einstige **Chartered Bank** mit klassizistischer Fassade ins Auge, welche in ein Museum umgewandelt werden soll. Das chinesische Erbe vertreten die Tempel **Bang Niew** in der Phuket Road sowie **Jui Tui** und **Put Jaw** neben dem Markt in der Ranong Road: Mit ihren kunstvoll verzierten Toren und weit geschwungenen Dächern unterscheiden sie sich deutlich von den thailändischen Tempeln. Im Inneren hantieren Gläubige mit Weihrauch- und Orakelstäbchen.

Da viele Bewohner Phukets von den chinesischen Minenbesitzern und Minenarbeitern abstammen, mischten sich im Laufe der Jahrhunderte thailändische und chinesische Traditionen, z. B. in den verschiedenen Strömungen des Buddhismus, in der (Festtags-)Kleidung und bei Feiern. Die *Poh Dtoh* Zeremonie z. B. wird meist im September begangen – zu dieser Zeit kommen die Geister der Verstorbenen auf die Erde und erwarten, verpflegt zu werden. In den Schreinen werden dann Opfergaben niederlegt, Kekse aus rötlich gefärbtem Reismehl in Form von Schiffen und Schildkröten.

Über Phuket City ragt der Hügel **Khao Rang** auf. Von seiner Spitze bieten sich herrliche Ausblicke auf Stadt und Insel. Für das leibliche Wohl sorgen Thai-Restaurants wie das hübsche *Khao Rang Breeze* (Tel. 076/35 57 72, So. geschl.) mit Seafood-Barbeque bei toller Aussicht.

Der bedeutendste buddhistische Tempel Phukets, der **Wat Chalong**, steht etwa 8 km südöstlich der City. Im edlen architektonischen Rahmen eines goldverbrämten Chedis und vielfach gestaffelten rot akzentuierten Ubosot werden mehrere Mönche verehrt, die einst hier im Kloster wirkten. Einige dieser Dahingegangenen waren als Heilkundige bekannt.

Rund um die Insel

Im Norden der Insel nahe der Ortschaft **Thalang** erhebt sich der **Wat Phra Thong**. Hauptattraktion im Inneren des Tempels ist eine goldköpfige Buddha-Statue: Vom Erleuchteten sind nur der Kopf und die Schultern zu sehen, der Rest der Figur steckt im Boden. Der Legende nach besitzt der Buddha magische Kräfte, und noch nie ist es jemandem gelungen, ihn vollständig auszugraben. Selbst die kriegerischen Birmanen mussten die Buddelei 1785 aufgeben, ein Schwarm Hornissen verjagte damals die Ausgräber.

Wer den letzten Teil unversehrten tropischen Regenwalds im Inselinneren erkunden möchte, kann dies im nahen **Khao Phra Taeo Wildlife Park** (auch: Kao Pra Taew) tun. Zur üppigen Flora gehört auch die seltene *Pahm Lahng Kao* oder White Back Palm. Mit etwas Glück sieht man entlang der Wanderwege Hirsche, Bären oder Affen.

Zwei Wasserfälle beleben das Ambiente: Der kleine *Ton Sai Waterfall* rauscht malerisch über Felsbuckel abwärts, der

Der Wat Chalong ist der wichtigste buddhistische Tempel Phukets

Wer wird denn gleich in die Luft gehen – außer beim Parasailing über Patong Beach

etwa 2 km entfernte *Bang Pae Waterfall* bietet sich als majestätische Kaskade dar (Vorsicht Wasserschlangen!). Hier gilt es, ein engagiertes Tierschutzprojekt zu besuchen: Das *Gibbon Rehabilitation Project* (Tel. 076/26 04 92, www.gibbonproject.org, tgl. 10–16.30 Uhr) sorgt für Gibbons, die zuvor als Haustiere oder Touristenattraktionen gehalten wurden. In der Pflegestation werden sie auf ein Leben in der Wildnis vorbereitet. Ein weiterer Wasserfall, der schöne *Namtok Kathu Waterfall*, liegt im Herzen der Insel in der Nähe des Dorfes Kathu – ein beliebtes Ausflugsziel der Einheimischen, mit Schießstand, Elefanten- und Affenshows. Nahebei bieten die *Water Ski Cableways* (Tel. 076/20 25 25, http://phuketcableski.com, tgl. 10–18 Uhr) Wasserskispaß auf künstlichem See.

Top Tipp

Zum Sonnenuntergang zieht es Einwohner wie Touristen zum pittoresken **Laem Phromthep**, dem ›Kap der Götter‹ am äußersten Südzipfel. Auf dem Weg dorthin schlängelt sich die hügelige Straße vom Kata Yai Beach zunächst an zwei anderen Aussichtspunkten vorbei, von denen der Blick über die sichelförmigen Buchten von Kata, Karon und Patong schweift. Am Laem Phromthep, direkt über der idyllischen *Nai Harn Bay*, erwarten diverse Thai-Lokale und eine Souvenirgasse ihre Gäste.

Schneeweiße Strände, azurblaues Wasser

Die Wahl des Strandes sollte nicht schwer fallen – keiner ist wie der andere, jede Bucht an der Westküste hat ihren eigenen Charakter. Ganz oben auf der Favoritenliste vieler Urlauber steht der 3 km lange feine Sandstrand **Patong**, der mittlerweile jedoch ein einziger Rummelplatz ist. Die Thai sagen ›Bai Thiao‹ (Sehen und gesehen werden) zu dem geselligen Treiben. Trubel herrscht vor allem an der meist **Beach Road** genannten Thaweewong Road.

Der breite *Strand* fällt flach ab und ist ideal als Spielplatz für Kinder. Die asiatischen Touristen plantschen T-Shirt-bekleidet im Wasser. Überall leuchten die bunten Segel der Boote, vom Meer heulen die Jetskis (von denen man angesichts der massiven Betrugsfälle durch die hiesige Jetski-Mafia mittlerweile abraten muss). Abends versammeln sich die Thai zum Picknick auf Bastmatten, Mekhong und Chili-Sauce machen die Runde. Buddhistische Mönche, Novizen in strahlendem Orange, lassen neben der Seele die Beine von der Strandmauer baumeln. Daneben macht eine Straßenhändlerin mit Schultertrage Pause, ehe sie wieder ins Gewühl um die Restaurants und Souvenirshops eintaucht.

Klassische Schönheit – Kata Beach ist einer der beliebtesten Strände von Phuket

Aus den Gogo-Bars an der **Bangla Road** und **Rat-U-Thit Road** hört man dumpfes Dröhnen, drinnen auf der Tanzfläche kreisen Hüften von jungen Frauen und Männern. Auf der Großleinwand läuft das ›aktuelle sportstudio‹. Die thailändische Aufpasserin nähert sich dem weiblichen Gast an der Theke und fragt, wo denn der ›Boyfriend‹ sei – Zutritt nur in männlicher Begleitung! Wieder draußen sorgt ein bunter Schilderwald für einige Verwirrung, doch weist bei näherem Hinsehen auf viele gastronomische Möglichkeiten hin, es gibt sogar einen ›Wienerwald‹ und ›Günter's Würstchenstube‹. Selbst Gourmets finden nach Patong: Die besten *Feinschmeckerlokale* Phukets liegen nur wenige Schritte voneinander entfernt an der Beach Road sowie oben an der Küstenstraße und bieten zu Spargelspitzen, Räucherlachs und Champagner zugleich grandiose Ausblicke.

Wer es pompös und laut liebt, besucht **Phuket FantaSea** (Tel. 076/385100, Reservierung, Tel. 076/385111, www.phuketfantasea.com, Fr–Mi 17.30–23.30 Uhr) etwas nördlich von Patong. Der Vergnügungs- und Themenpark unweit des *Kamala Beach* bietet eine gigantische Show inklusive Artistik, Magie, Tigern und Elefanten in Kombination mit einem Dinner.

Südlich von Patong liegen eingebettet zwischen grünen Hügeln die ruhigeren Strände Karon und Kata. **Karon Beach** könnte auch ein Küstenabschnitt an der Nordsee sein: weiter Strand, deichartiger Wall, viele Liegestühle und nur wenige Palmen. Der 2 km lange Strand umschließt wie eine Sichel das tosende Meer, das Strandvölkchen verteilt sich gut, selbst in der Hochsaison.

Heißes Pflaster – die Straßen von Phuket sind für Vergnügungen aller Art berühmt-berüchtigt

Die beiden Strände von Kata sind durch einen Hügel voneinander getrennt. **Kata Yai Beach**, der große Strand, wird von mehreren Hotelresorts dominiert, aber in der südlichen Ecke finden sich noch ruhige Strandabschnitte. Die Bucht ist weit geschwungen, von Felsen umrahmt und mit viel Grün bewachsen – eine der schönsten auf Phuket. Auch lässt es sich hier am besten schwimmen, schnorcheln und surfen (von Mai bis Oktober Vorsicht vor den gefährlichen Unterwasserströmungen!). In dem winzigen Ort mit Bars, Restaurants und Souvenirläden herrscht Tag und Nacht Trubel. **Kata Noi Beach**, der kleine Strand, versteckt sich hinter dem Hügel und ist ein idyllisches Fleckchen mit schneeweißem Sand: Die Insel *Ko Pu* liegt stets im Blickfeld, nur ab und zu wird sie von patrouillierenden Strandhändlern oder Masseuren verdeckt.

Auch der **Rawai Beach** an der Südostspitze der Insel ist ein beliebtes Ziel. Picknicktische stehen unter Pinien, im flachen Wasser dümpeln Boote. Von hier starten Ausflüge zu den vorgelagerten Inseln.

Das **Phuket Aquarium** (Tel. 076/39 11 26, www.phuketaquarium.org, tgl. 8.30–16.30 Uhr) des Phuket Marine Biological Center (PMBC) liegt am nahen Cape Panwa, das die äußerste Südspitze der Insel bildet. Die Aquarien mit Haien, Rochen, Aalen, Meeresschildkröten und vielen Fischarten sowie interaktive Exponate rund um Meer, Mangroven, Seen und Flüsse Thailands garantieren spannende Begegnungen mit der Unterwasserwelt für die ganze Familie.

In den Buchten **Bang Tao**, **Pansea** und **Surin** – früher eine durch Zinnminen entstellte Mondlandschaft – liegen heute Luxusherbergen: Die küstennahen Lagunen wurden mit Milliardenaufwand saniert und anschließend mit Hotelpalästen, Wellness Centern und Golfplätzen ausgestattet. Die meisten Anlagen, hübsche Dörfer im traditionellen Thai-Stil, schmiegen sich am ruhigen Strand an die Klippen oder unter Kokospalmen.

Etwa zweieinhalb Stunden sind es von hier per Boot zu den **Similan Islands**, noch weiter nördlich liegen die **Surin Islands**, der **Richelieu Rock** und die **Burma Banks**. Diese Spots gelten als die besten Tauchgebiete Thailands und zählen zu den zehn Top-Destinationen der Welt. Einige Bereiche werden allerdings zeitweilig für den Tauchsport gesperrt, damit die Korallenriffe sich wieder erholen können [s. S. 133]. In dieser märchenhaften Unterwasserwelt sieht man Ballettformationen bunter Fischschwärme in Gesell-

Der mit dem Walhai schwimmt – in den Gewässern vor Phuket kann man Abenteuer erleben

schaft von majestätischen Meeresschildkröten und grimassierenden Muränen. Zwischen Felsen und an Steilwänden hält der Aquanaut Ausschau nach hochnäsigen Silberspitzenhaien. Auch der gutmütige Ammenhai, der majestätische Teufelsrochen und der abstrakt gemusterte Walhai, seines Zeichens der größte Fisch der Welt, ziehen in diesen Gewässern ihre Bahnen. Über 100 Liveaboard-Tauchboote stehen in Phuket und Umgebung für Exkursionen zur Verfügung.

Praktische Hinweise

Information

TAT, 191 Thalang Road, Phuket, Tel. 076/21 10 36, tatphket@tat.or.th

Flughafen

Phuket International Airport, 222 Moo 6, Mai Khoo, Phuket, Tel. 076/32 72 30, www.phuket-hkt.airports-guides.com

Touren

East West Siam, 128/3 Moo Baan Srisuchat, Chalerm Prakiet Rama 9 Road, Ratsada, Phuket, Tel. 076/37 61 92, www.ewsiam.com. Ein orientalischer Traum wird wahr: Mit Dschunken wie ›June Bahtra‹ oder ›Jit Jai‹ durch die Inselwelt der Andamanensee, als Sunset Cruise, Tagesausflug oder mehrtägiges Abenteuer.

Santana Diving & Canoeing, 49 Taweewong Road, Patong Beach, Phuket, Tel. 076/29 42 20, www.santanaphuket.com. Ein- oder mehrtägige Kanutrips in die Welt der *Hongs*, Exkursionen in den Khao Phra Taeo Wildlife Park und Khao Sok National Park, Tauchkurse und Liveaboard-Touren zu den berühmten Tauchgebieten in der Andamanensee.

Scansail Jacht, Palmaille 124 b, 22767 Hamburg, Tel. 040/38 84 22, www.scansail.de. Charter-Jachten für Fahrten zu den schönsten Inseln und Tauchrevieren in der Andamanensee.

Siam Safari Nature Tours, 45 Cho Far Road, Chalong, Phuket, Tel. 076/28 01 16, www.siamsafari.com. Lehrreiche Dschungelausflüge, Elefantensafaris.

Hotels

Amanpuri Resort, 118/1 Moo 3 Srisunthorn Road, Pansea Beach, Phuket, Tel. 076/32 43 33, www.amanpuri.com. Luxus pur: 40 Pavillons und 30 Villen in traditionellem Baustil inmitten einer Kokosplantage am Hügel, meist mit Meerblick. Am schönen Privatstrand liegen hauseigene Jachten und Dschunken.

Baan Sukhothai Resort & Spa, 70 Bangla Road, Patong Beach, Phuket, Tel. 076/34 01 95, www.phuket-baansukhothai.com. Trotz der Lage im Herzen Patongs ein märchenhaftes Refugium im Grünen mit neun klassischen Thai-Villen und 76 komfortablen Zimmern bzw. Suiten sowie Pool, Spa, Restaurants.

Golden Tulip Mangosteen Resort & Ayurveda Spa, 99/4 Moo 7, Soi Mangosteen, Rawai, Phuket, Tel. 076/28 93 99, www.goldentulipmangosteen.com. Die hübsche, balinesisch inspirierte Anlage liegt auf einem Hügel mit Panoramablick. Originelle Villen mit exklusivem Dekor. Shuttle zum Nai Harn Beach

TOP TIPP **Indigo Pearl**, Nai Yang Beach, Tel. 076/327006, www.indigo-pearl.com. Ultramodernes Design in einer der letzten und größten Luxus-Enklaven auf Phuket: ›Industrielle Kunst‹ trifft auf Zinnminen-Gerätschaften (die Besitzerfamilie Na-Ranong gehört zur hiesigen Zinn-Dynastie), kühler Minimalismus auf 5-Sterne-Verwöhn-Service. Ganz privat logiert man in den rund 40 Pool-Pavillons und Villen (bis zu 2500 m²!). Preisgekrönter Spa, sieben Restaurants. Der weite Strand ist nur fünf Schritte über eine Souvenirgasse entfernt.

Katathani Phuket Beach Resort, 14 Kata Noi Road, Kata Noi Beach, Phuket, Tel. 076/330124, www.katathani.com. Weitläufige Anlage mit 479 Zimmern am schönen Strand. Sechs Restaurants mit internationaler und thailändischer Küche und äußerst angenehmer Atmosphäre.

Sun Hill, 245/2 Nanai Road, Patong, Tel. 076/345275, www.sunhill-phuket.com. Kleines Hotel am Stadtrand mit Mini-Pool und hübschen Zimmern, Terrasse oder Balkon, teils mit Küche.

The Kantary Bay, 31/11 Mu 8 Sakdidej Road, Cape Panwa, Phuket, Tel. 076/391514, www.kantarybay-phuket.com. Große, lichtdurchflutete Apartments (mit Küche, Waschmaschine) und Studios, Balkon teils mit Meerblick, ruhig am abgelegenen Cape Panwa, freundlich und familiär. Zwei Pools, einer auf dem Dach mit Sunset-Panorama. Zu Fuß (10 Min.) oder per Shuttlebus geht's zu einem kleinen schönen Strand.

Restaurants

TOP TIPP **Baan Rim Pa**, 223 Prabaramee Road, zwischen Patong und Kalim Beach, Phuket, Tel. 076/340789, www.baanrimpa.com. Vielfach preisgekröntes Restaurant: Meeresrauschen, Kerzenlicht, Pianomusik und köstliche Thai-Spezialitäten (tgl. 12–23 Uhr).

Ratri Jazztaurant, Patak Rd., Kata Hill, Phuket, Tel. 076/333538, www.ratrijazztaurant.com. Das schicke Lokal thront hoch oben am Kata-Hügel und verwöhnt außer mit exzellenter Thai-Küche oftmals auch mit Livemusik.

Thainaan Restaurant Srivichai Room, 16 Wichit Songkram Road, außerhalb von Phuket City, Tel. 076/226164, www.thainaanrestaurant.com/srivichai.htm. Das beste Thai-Restaurant der Insel bietet auch klassischem Thai-Tanz. Reservierung empfohlen (tgl. 11–14 und 17.30–23 Uhr).

The Boathouse, Kata Yai Beach, Tel. 076/330015, www.boathousephuket.com. In einer ruhigen Ecke des Kata Yai Strands verwöhnt das kleine hübsche Strandhotel mit dem romantischen Restaurant ›Wine & Grill‹ seine Gäste. Zum Abschied erhält jede Dame eine Rose. Das Hotel hat Balkonzimmer rund um den Pool und ein gutes Spa.

Opulente Travestie-Shows sind fester Bestandteil des Nachtlebens von Phuket

24 Phang Nga Bay Marine National Park

Der Nationalpark ist ein Wunder der Natur – bewohnt von Drachen und Riesen in Stein.

Fantastische Szenen im Phang Nga Marine National Park (Tel. 076/411136, www.dnp.go.th/parkreserve): Buckelige Inselberge, Kegel und Pyramiden erheben sich aus dem Meer. Bückt sich dort etwa ein Drache ins Wasser, von dem nur noch die zackige Rückenpartie zu sehen ist? Ragen hier vielleicht die Nase und der Bauch eines schlafenden Riesen aus dem Nass empor? Das wuchernde Grün, das die Steilwände der Insel bedeckt, wirkt von Weitem wie weicher Flaum. Dschunken gleiten elegant durch diese Märchenlandschaft. Das Knattern der schmalen Longtail Boote hallt von den Steilwänden wider, Kajaks schaukeln unter den zerklüfteten Felsvorsprüngen, über ihnen hängt pittoresk, aber doch ein wenig bedrohlich eine ganze Batterie messerscharfer Dolche aus Kalkstein.

Innerhalb der letzten 100 Mio. Jahre entstand das zerkarstete **Kalksteingebirge** in der Andamanensee, das sich einst vom Norden Malaysias bis nach Zentralchina (Guilin) hinzog. Wind und Wetter, Meeresströmungen und Kontinentalverschiebungen hinterließen ihre Spuren. Die Kalksteingebirge zerbröselten von innen: Regenwasser fraß sich durch ihre Eingeweide – die Decken der bis zu 300 m hohen Riesen stürzten nach und nach ein. Als der Amerikaner John ›Caveman‹ Gray 1990 mit dem Helikopter zur richtigen Tageszeit über diese unbewohnte Insellandschaft flog, entdeckte er die wundersame Welt hinter den Kulissen der Inselberge und ihren touristischen Marktwert. Die **Hongs**: kreisrunde Krater, umschlossen von senkrechten Felswänden, an denen die Wurzeln der Bäume, Yuccapalmen und Sträucher wie mit Tentakeln Halt suchen. Mittels unterirdischer Tunnel füllen die Hongs sich bei Flut mit milchiggrünem Meerwasser, bei Ebbe verwandelt sich die Lagune wieder in eine schlammige Mangrovenlandschaft, in der die Bäume breitbeinig auf stelzengleichen Wurzeln stehen. Leises Zirpen aus allen Ecken und Felsritzen, Wasser tropft, Gibbons schreien. Nur Flüstern ist in dieser friedvollen Stille erlaubt, selbst Kameraauslöser klingen wie Pistolenschüsse. In diesem funktionierenden Ökosystem leben Warane, Fledermäuse, Krabben fressende Makaken, Nashornvögel und Seeadler, Reiher, Otter, Schlammspringer und die seltenen ziegenartigen Gorale (Serow).

Top Tipp

Berühmter Blick auf die Bucht von Ko Khao Tapu, besser bekannt als ›James Bond Island‹

Von außen gelangt man nur mit Kanus und viel Manövriergeschick in die Hongs (das ist nichts für Klaustrophobiker!) – dort, wo sich in der Felswand plötzlich ein Schlund auftut, wie gespickt mit Vampirzähnen, und das Boot mitsamt Besatzung verschluckt. Das Tor in eine geheimnisvolle Welt aus Stalagmiten und Stalaktiten, versteinerten ›Wasserfällen‹ und Kalkstein-Vorhängen. Aus dem Dunkel gleitet das Kanu kurz darauf ins blendende Sonnenlicht der Lagunen. Aber nur kurz ist dem Menschen gestattet, in den Hongs zu verweilen, und der Abschied muss genau den Gezeiten angepasst werden: Wenn die Flut wieder Meerwasser in den Höhlentunnel spült, wird es höchste Zeit, die Hongs zu verlassen.

Eine Fahrt durch die Bucht von Phang Nga führt unweigerlich auch auf die Spuren von James Bond – zum **Khao Tapu Island**, dem Nagel-Eiland. James Bond zog die Vogelperspektive vor und glitt auf gewohnt abenteuerliche Weise über die Inseln, ehe er den ›Mann mit dem goldenen Colt‹ (1974) in dem 180 m ho-

So weit das Auge reicht erstreckt sich das Blau-Grün des Phang Nga Bay Marine National Park

hen Felsen auffliegen ließ. Aus der winzigen Nachbarinsel von Khao Tapu ist ein touristischer Rummelplatz geworden: Alles hetzt im Rhythmus der pausenlos anlegenden Ausflugsboote über die schmale Felsentreppe, schnell ein Foto vom überwucherten **James Bond Rock**, pro Tag tausendfaches Klicken der Auslöser, unten am Strand drängen sich die Souvenirhändler. Ebenso vermarktet ist **Panyi Island**: ein auf Stelzen gebautes Muslimdorf, das tagsüber von Touristenmassen belagert wird.

Zum üblichen Programm von Touren durch die Phang Nga Bay gehören meist auch Abstecher zur Perleninsel **Ko Yao Yai** und ihrer kleinen Schwester **Ko Yao Noi** mit einigen Bungalowanlagen. Auch die im Süden gelegene **Ko Lawa Yai** mit schönen Stränden sowie einige Höhlen, z. B. die Tropfsteingrotte *Lod* und die *Khao Khian Cave* werden gern besucht. Letzere birgt sogar einige Felsmalereien, dargestellt sind Fische, Delfine und Jäger. Wissenschaftler schätzen das Alter dieser Bilder auf bis zu 3000 Jahre.

Dolce Vita am Ban Laem Trong Beach – jeden Abend gibt es eine Fireshow und dann Disco

Praktische Hinweise

Bootstouren

Ausflüge in die Phang Nga Bay kann man als Tagestouren von Phuket, Krabi usw. buchen oder auf eigene Faust unternehmen, z.B. mit einem Longtail Boat ab Phang Nga City (Hwy 4 auf dem Festland nördlich von Phuket) bzw. vom Pier des Phang Nga Bay Marine NP (südlich von Phang Nga City, vom Hwy 4 auf die Straße 4144 Richtung Küste abbiegen).

Hotel

Ko Yao Island Resort, 24/2 Moo 5, Ko Yao Noi, Phang Nga Bay, Tel. 076/597474, www.koyao.com. Statt einer Tagestour kann man das Paradies (fast) für sich alleine haben: Auf Ko Yao Noi wohnt man in 15 Luxus-Bungalows im Palmengarten am einsamen Strand oder in der nur per Boot erreichbaren Nature Lodge.

25 Ko Phi Phi

Wunderschöne kleine Inselgruppe mit herrlichen Korallenriffen.

Das bezaubernde Ko Phi Phi, eine der schönsten Inselparadiese der Andamanensee, war auch eine der am schlimmsten vom Tsunami betroffenen Gebiete. Das ist heute Vergangenheit, die Naturszenerie und die Hotelanlagen sind so schön wie eh und je – wenn man nur Phi Phis ›Ballermann‹, den Hauptort an der Ton-Sai-Bucht, schnell wieder verlässt. Die *Bilderbuchstrände* bestehen aus schnee-

Ton Sai Bay auf Ko Phi Phi – ein viel besuchtes Tropenparadies mit sanften Buchten

weißem Pudersand, glasklar, türkis bis azurblau schimmert das Meer. Das *Panorama* bietet steile Felsriesen in bizarrsten Formen, von Dschungel überwuchert. Als sich die atemberaubende Szenerie der Schwesterinseln, des größeren **Phi Phi Don** und des kleinen **Phi Phi Leh**, in den 1980er-Jahren unter Touristen herumgesprochen hatte, war es um das Paradies geschehen. Die Inselgruppe gehört zwar seit 1983 zum **Hat Noppharat Thara-Mu Ko Phi Phi National Park** (www.dnp.go.th/parkreserve), ihren Robinson-Crusoe-Charme hat sie jedoch längst verloren.

Die meisten Touristen kommen als Tagesbesucher von Phuket oder Krabi. Zwischen November und April sind es Tausende täglich, die von Jachten, Katamaranen, Kreuzfahrtschiffen, Schnellbooten oder Fähren auf Ko Phi Phi entladen werden und die beiden Hauptstrände bevölkern. Etwa von 11 bis 16 Uhr herrscht Hochbetrieb am südlichen **Ton Sai Beach**, an der Promenade und in den Gassen des Hauptortes **Ban Laem Trong**, mittlerweile auch Ton Sai Village genannt. Die Longtail Boote knattern entlang der dschungelbewachsenen Küste und bringen Passa-

Wie Phönix aus den Fluten

Am 26. Dezember 2004 löste ein Seebeben vor Sumatra einen **Tsunami** aus. Die gewaltige Flutwelle überrollte die Küsten Südostasiens, brachte Zerstörung und riss mehr als 300 000 Menschen in den Tod.

In Thailand kamen etwa 5500 Menschen ums Leben, allein auf **Ko Phi Phi** starben Hunderte. Auch **Phuket** wurde schwer getroffen. Von der Katastrophe erholten sich die Strände am leichtesten, zumal die Vegetation bald nachwuchs. Der Wiederaufbau der Wohnhäuser und Hotels begann schon wenige Wochen nach der Flut. Der in Thailand am schwersten betroffene Badeort **Khao Lak** war 2006 so wiederhergestellt, als wenn nichts gewesen wäre. Doch die Katastrophe ist bis heute unvergessen, zumal es immer mal wieder zu schweren Unwettern an der Westküste kommt. Das tut jedoch der Beliebtheit der Urlaubsorte und Inseln rund um Phuket keinen Abbruch.

giere zu den Stränden im Norden und Osten, z. B. zum schönen **Hat Laem Tong** und zum ruhig-idyllischen Traumstrand **Hat Lo Ba Gao** im Nordosten mit Kokospalmen und Dschungelbergen dahinter.

TOP TIPP

Ein Spazierweg führt vorbei an winzigen Badebuchten zum **Long Beach** am Südzipfel der Insel. Über eine steile Treppe und Betonweg erreicht man in halbstündiger Kletterei den höchsten Punkt der Insel – und wird belohnt mit einem grandiosen Rundblick aus fast 200 m Höhe auf die schmale Landbrücke zwischen den beiden Inselteilen von Phi Phi Don an der Ton Sai Bay.

3 km jenseits liegt Ko Phi Phi Leh. Das unbewohnte Eiland aus schroffen Felsen umkränzt die malerische **Maya Bay**, einen der Drehorte des Hollywoodfilms ›The Beach‹ (2000). In den Felsen öffnen sich Höhlen, manche, wie die riesige *Viking Cave*, gar mit prähistorischen Felsmalereien. Die kristallklaren Gewässer um Ko Phi Phi mit ihren grandiosen **Korallenriffen** gehören zu den besten Tauchrevieren Thailands, mit blühenden Korallengärten, Unterwasserhöhlen, Wracks und Meeresbewohnern wie Rochen, Schwertfischen und Leopardenhaien.

Praktische Hinweise

Tauchen

PP Seafrog Diving Center, Ko Phi Phi, Tel. 075/60 10 73, www.ppseafrog.com. Die Tauchschule unterdeutscher Leitung bietet Kurse und Exkursionen zu den Tauchgründen rund um Ko Phi Phi.

Hotel

Phi Phi Island Village, Loh Ba Gao Bay, Ko Phi Phi, Tel. 075/62 89 99, www.outrigger.com. Malerische Bungalows am Strand und in Hügellage mit Pool.

Filmreif präsentiert sich Maya Bay, Traumbucht des Naturparadieses Ko Phi Phi Leh

26 Krabi

Wat Tham Sua – Khao Phanom Bencha National Park – Ko Lanta Yai

Urlandschaft mit zahlreichen Naturparks und Traumstränden.

Eine wilde und faszinierende Landschaft begegnet dem Reisenden bei Krabi und in der Phang Nga Bay. Reisfelder und Gummibaumplantagen erstrecken sich zu Füßen der bizarren Kalksteingebirge. Die Gegend ist vermutlich das älteste *Siedlungsgebiet* Thailands, manch einer spricht von 43000 Jahren. Im Inneren der immer noch unbezwingbaren Kalksteinriesen entstanden im Laufe der Zeit unzählige Tropfsteinhöhlen und Grotten. Vor einigen zehntausend Jahren konnte der ›Krabi man‹ noch zu Fuß nach Ko Phi Phi spazieren. Vor rund 9000 Jahren stieg der Meeresspiegel allerdings weltweit wieder an und überschwemmte die Gebirge, von denen heute nur noch die markanten Spitzen zu sehen sind. Die berühmten grün überwucherten Kalkformationen, die mit ihren Zacken, Türmen und Kronen aus dem Wasser und an Land emporragen, haben Krabi zum *Touristenmagneten* gemacht.

Der Fischerort **Krabi City** hat sein Gesicht längst gewandelt: Eine moderne Uferpromenade führt entlang des Krabi Flusses, auch einen Flughafen gibt es. Rund 20 km weiter westlich liegt der einst idyllische **Ao Nang Beach**, der die meisten Touristen anzieht. Der 2 km lange Strand ist von steilen Felswänden eingerahmt. Unzählige Inseln ragen aus den blauen Küstengewässern auf, darunter *Ko Kai* und *Ko Poda*. Die vorwiegend muslimischen Bewohner gaben ihnen Namen wie ›Hühnchen-Insel‹ oder ›Insel der segelnden Dschunke‹. Im Norden der Bucht liegt die *Soi Sunset*, eine Gasse mit vielen Bars und Strandlokalen.

Landschaftlicher Höhepunkt ist die Halbinsel südlich von Ao Nang. Die Vegetation ist hier immer noch so dicht, dass dieses kleine Paradies nur per Boot zu erreichen ist. Steil aufragende Felswände, immergrün überzogen, schirmen die winzige Peninsula mit den weltberühmten Stränden **Railay Beach** (auch Rai Leh) und **Phra Nang Beach** vom Festland ab: Diese Naturszenerie ziert unzählige Postkarten und Reiseprospekte – als Inbegriff für wilde, unberührte Schönheit. Doch das war einmal. Heute sind diese Strände relativ belebt, und an den dramatisch zerkarsteten Steilwänden, die ebenso an Railays Nachbarstrand **Ton Sai Beach** (nicht zu verwechseln mit gleichnamigem Strand auf Ko Phi Phi) emporragen, erproben Felskletterer ihr Können. Zahlreiche Tagesausflügler treffen am Phra Nang Beach ein, um die große **Phra Nang Cave**, eine Höhle direkt über dem Meer, zu besichtigen oder um in der wunderschönen, inmitten eines 100 m tiefen Felsenkessels gelegenen *Lagune* zu schwimmen. Und trotz allen Trubels: Die Kulisse am Phra Nang Beach ist atemberaubend, einer der schönsten Fleckchen der Erde.

Top Tipp

Einen Besuch wert ist auch das Höhlenkloster **Wat Tham Sua** 3 km nordöstlich von Krabi City. Es wird auch Tigerhöhlentempel genannt, wenngleich der letzte Tiger hier Mitte der 1970er-Jahre gesichtet wurde. Von diesem größten Tempel der Region führen 1237 Stufen steil aufwärts zu Buddhas Fußabdruck und

Mit Hingabe verehren Gläubige die vielgestaltigen Buddhas im Kloster Wat Tham Sua

einem spektakulären Ausblick. Das in den 1980er-Jahren gegründete Kloster war Hauptsitz eines legendären, inzwischen verstorbenen Mönchs. Am Wochenende herrscht ein Trubel, der eher an einen Jahrmarkt als an eine Stätte der Besinnung erinnert: Die Gläubigen fahren zu Hunderten mit klapprigen Linienbussen oder Luxuskarossen direkt aufs Tempelgelände. Drinnen, vor dem Schrein der chinesischen Göttin der Gnade, herrscht Gedränge und Geschiebe, die Besucher spenden dem Kloster Unsummen. Die CDs finden noch heute in ganz Thailand reißenden Absatz. Die Popularität des charismatischen Mannes erklärt sich aus der volkstümlichen Art, mit der er Buddhas Weisheiten unters Volk brachte.

Ausflüge

Die Gegend um Krabi bietet die beste Gelegenheiten zu Bootstrips durch die Inselwelt (meist November bis April) oder Wanderungen zu Heißwasserquellen, Wasserfällen und Höhlen. Ausflüge zu den Inseln starten meistens am Ao Nang Beach oder vom Pier in Krabi City. Auch schnorcheln und tauchen kann man bei Ao Nang und rund um die Inseln Koh Poda, Koh Ha, Koh Si, Koh Yawabon, Koh Dor, Koh Talu, G. K. Island und Koh Yawasam. In den hiesigen Gewässern leben 200 Fischarten und 80 Korallenarten. Einige Bereiche werden allerdings zeitweilig für den Tauchsport gesperrt, um die Korallen zu schützen [s. S. 133].

Darüber hinaus gibt es in dieser Region vier Naturschutzgebiete. Eines davon ist der **Khao Phanom Bencha National Park** (www.dnp.go.th/parkreserve), in dem sich ein Abstecher zum *Huai To Waterfall* (auch Hoey Dto) besonders lohnt. Mit seinen Katarakten und Pools bietet er die unbestreitbar schönsten Wasserspiele im weiten Umkreis und ist vor allem an Wochenenden auch Ziel vieler thailändischer Ausflügler. Der Nationalpark verfügt über teilweise sehr steile Wanderwege, die durch den Regenwald entlang der zerkarsteten Kalksteinberge zu weiteren Wasserfällen und zu der Tropfsteinhöhle *Khao Ping Cave* führen. Wer gut zu Fuß ist, kann den Gipfel des *Khao Phanom Bencha* vom Parkhauptquartier aus bezwingen und genießt nach der schweißtreibenden Mühe aus 1350 m Höhe einen unvergesslichen Rundumblick.

Neben der Phang Nga Bay und Ko Phi Phi ist die im Süden liegende **Ko Lanta Yai** von Krabi aus per Fähre zu erreichen. Die hügelige Insel in der Andamanensee prunkt vor allem landschaftlich – ein Teil des bewaldeten Eilands wird als **Mu Ko Lanta National Park** (www.dnp.go.th/parkreserve) geschützt. Einige der 20 000

Bewohner stammen von den Chao Le (Seenomaden) aus Indonesien ab und praktizieren z. T. noch animistische Rituale. Die *Strände* der Westküste sind einsamer als die der Nachbarinseln, dafür allerdings auch nicht ganz so schön. Gleichwohl stehen sie und ihre Hotelanlagen bei vielen Urlaubern, nicht zuletzt bei Familien mit Kindern, hoch im Kurs.

i Praktische Hinweise

Information

TAT, Uttarakit Road (an der Promenade), Krabi, Tel. 075/62 21 63, tatkrabi@tat.or.th

Flughafen

Krabi International Airport, Tel. 075/63 65 41

Hotels

Krabi Success Beach Resort, Hat Nopparatthara Beach, Krabi, Tel. in Bangkok: 02/32 20 77, www.aonangsuccessbeach resort.com. Gemütliches Mittelklassehotel mit Pool und 77 recht anständigen Zimmern, familienfreundlich, etwas abgelegen, ca. 300 Meter vom Strand. Gute Internet-Angebote.

Maritime Park & Spa Resort, 1 Tungfah Road, Krabi, Tel. 075/62 00 28, www.maritimeparkandspa.com. First-Class-Hotel in wunderschönem Park am Rande von Lagunen, Mangroven und Felswänden nahe Krabi City.

Phra Nang Inn, 119 Moo 2, Ao Nang Beach, Krabi, Tel. 075/63 71 30, www.vacationvillage.co.th. Originelle Gebäude, verkleidet mit Holz und Bambus unterm Strohdach, schöne Zimmer mit Muscheldekor und Meerblick. Garten und Pool.

Top TIPP **Rayavadee Resort**, 214 Moo 2, Ao Nang Beach, Krabi, Tel. 075/62 07 4 03, Kontakt in Deutschland: Tel. 061 02/799 68 11, www.rayavadee.com. Die preisgekrönte Premium-Hotelanlage schmiegt sich zwischen dschungelüberwucherte Klippen: ein Dorf aus 102 Pavillons und Villen mit edlen Interieurs und Privatpools. Und dazu drei Strände.

Restaurant

Monsoon, 153 Moo 2, Ao Nang Beach, Krabi. Breite Auswahl an stets frischem Western und Thai-Food, von Salaten bis Curry. Hier kann jeder nach seinem Geschmack satt werden.

Sala Bua & Lo Spuntino, 120 Moo 2, Ao Nang, Tel. 075/63 71 10, www.salabualospuntino.com. Zwei Küchen unter einem Dach: Authentische Thai-Curries, aber auch gute Pizza und fangfrisches Seafood werden am Strand serviert.

Mangroven – per Kanu durch das faszinierende Ökosystem

Neben Korallenriffen und tropischen Regenwäldern zählen Mangroven zu den produktivsten Ökosystemen der Erde. Eine unglaubliche Vielzahl von Pflanzen und Tieren findet in den feuchtfüßigen Küstenwäldern ihren Lebensraum. Für viele bedrohte Tierarten, etwa den braun geflügelten *Kingfisher* oder den *Walking Catfish*, ist dies die letzte Zuflucht. Die Wälder schützen außerdem vor Flutwellen und Erosion. Sogar Naturheilmittel werden aus den Bäumen und Blättern gewonnen, etwa *Nam nong*, das bei Hexenschuss helfen soll.

Einst bedeckten Mangrovenwälder in Thailand eine Fläche von 324 000 Hektar, heute sind es nur noch 80 000. Vorwiegend an der Westküste der malaiischen Halbinsel blieben die immergrünen und nährstoffreichen Feuchtgebiete erhalten. Und man bemührt sich um Wiederaufforstung, da auch die Erträge der Küstenfischerei von den Wäldern günstig beeinflusst werden – ist doch ihr Wurzelwerk eine sichere Kinderstube für allerlei Meeresbewohner. Nicht zuletzt hat man die Mangroven aber als Touristenattraktion entdeckt. So können die Besucher in Khao Lak, Phuket und Krabi die geheimnisvollen Mangrovenwälder per Kanu oder Kayak erforschen und dabei u.a. Reiher und sog. laufende Fische beobachten.

Das alte Zentrum – Sitz der ersten Königreiche

Die weite Tiefebene in der Mitte Thailands zählt zu den fruchtbarsten Landstrichen Asiens. Bewässert wird diese Reiskammer der Nation vom Strom **Chao Phraya**, der sich bei Nakhon Sawan aus den Flüssen Ping, Yom und Nan bildet, bevor er im Süden bei Bangkok in den Golf von Thailand mündet. **Lopburi** ist eines der ältesten Siedlungsgebiete in Thailand, davon zeugen die vielen Überreste von über tausendjährigen Bauwerken, vor allem aus der Zeit der Khmer-Herrschaft. **Sukhothai** wiederum gilt als die am besten erhaltene Königsstadt des Landes. Besonders reizvoll ist ein Besuch der prachtvollen Ruinenstadt zum feierlich begangenen Lichterfest *Loy Krathong*. Ein Abstecher nach **Phitsanulok** im Osten lohnt wegen der Alltagskultur dieser Provinzhauptstadt: Der freundliche Ort liegt am Nan Fluss, an dessen Ufern viele Menschen auf Floßbooten leben. **Mae Sot**, im äußersten Westen an der Grenze zu Myanmar in herrliche Berglandschaft eingebettet, ist Ziel von Naturfreunden, die es in die herrlichen Wälder der Umgebung zieht.

27 Lopburi

Wat Phraphutthabat

Die einstige Königsstadt und ihre Bauwerke können hervorragend zu Fuß besichtigt werden.

Da die Khmer rund drei Jahrhunderte von hier aus über Thailand herrschten, finden sich im Stadtbild von Lopburi einige imposante Bauten aus dieser Epoche. Ansonsten entpuppt sich der Ort als ein recht betriebsames, aber eher langweiliges Pflaster. Bis auf die **Affen**: Sie sitzen zu Dutzenden auf den Bürgersteigen, auf Dächern und Straßenlaternen. Ist das Fernsehbild mal verzerrt, wissen die Einwohner Lopburis sofort, wer dafür verantwortlich ist. Was lag näher, als die Tiere zu vermarkten: Die Hälfte der etwa 1000 langschwänzigen Bewohner von Lopburi werden jährlich im November zum *Monkey Festival* an eine gedeckte Tafel gesetzt, wo sie – ohne jegliche Tischmanieren, versteht sich – zu Limonade thailändische Leckereien verspeisen dürfen.

Vergangene Pracht – viele Ruinen in Lopburi zeigen formvollendet klassischen Khmer-Stil

Geschichte Die Lava, die zum Volk der Mon gehörten, siedelten bereits im 6./7. Jh. in Lopburi (damals Lavo) und begründeten das Dvaravati-Reich. Im Laufe der Jahrhunderte drangen die Khmer von Kambodscha immer weiter vor, erreichten schließlich um 950 Lopburi und besiegten die Lava. Sie erklärten den Ort zur *Hauptstadt* der Khmer-Besitztümer in der Chao Phraya Ebene. Im 13. Jh. vertrieben Thai aus dem Norden die kambodschanischen Besatzer.

400 Jahre später erlebte die Stadt ihre glanzvollste Epoche: 1664 machte *König Narai der Große* (reg. 1657–88) Lopburi zu seiner Zweitresidenz neben Ayutthaya. Sein Denkmal steht am Ortseingang in der Mitte eines Kreisverkehrs. Der König war modernen Einflüssen nicht abgeneigt und nahm als erster Thai-Monarch diplomatische Beziehungen mit europäischen Ländern auf. Ab 1665 ließ er durch französische Architekten die Palastanlage erbauen, wobei erstmals Ziegelsteine verwendet wurden – viele der Bauten blieben bis heute relativ gut erhalten.

Ein Europäer erlangte besondere Berühmtheit im Reich Narais: *Constantine Phaulkon*, ein Seefahrer und Händler. Der polyglotte, bald auch Thai sprechende Grieche durfte im Königspalast wohnen und stieg zum ersten Berater Narais auf. 1688 wurden Phaulkon und Prinz Phra Pui bei einer Palastrevolte gefangen genommen und hingerichtet. Der bereits zuvor schwer erkrankte König starb wenige Tage später.

Besichtigung Nicht zu übersehen ist der **Phra Prang Sam Yod**, das Wahrzeichen Lopburis: Inmitten des tosenden Verkehrs erheben sich die drei wuchtigen Prangs im Khmer-Stil. Diese Türme wurden Ende des 12. Jh. aus Laterit und Sandstein erbaut, von den Stuckarbeiten sind noch Reste sichtbar. Die wohl zu einem Hindu-Schrein gehörigen Prangs symbolisieren vermutlich die Gottheiten Brahma, Vishnu und Shiva. Erst zur Regierungszeit Narais, so nimmt man an, ist das Heiligtum zum buddhistischen Tempel umgewidmet worden. Narai ließ an der Ostseite einen Viharn mit einem Buddha im Ayutthaya-Stil anfügen – und so mischen sich hier sehr anschaulich die Symbole von Hinduismus und Buddhismus.

Anmutig, doch kopflos – gut erhalten ist das Figurenrelief am Wat Phra Sri Ratana Mahathat

Jenseits der Bahngleise ragt der von den Menschen hochverehrte **Phra Kala** (Kala Schrein) auf. Ein Vorgängerbau entstand bereits im 10. Jh., das jetztige Gebäude, 1951 errichtet, zeigt im Innern die uralte Statue des vierarmigen Vishnu. Der ungewöhnliche Buddhakopf wurde ihr erst später aufgesetzt.

Gegenüber dem Bahnhof erhebt sich der **Wat Phra Sri Ratana Mahathat** (tgl. 8.30–16.30 Uhr) mit dem höchsten Prang der Stadt. Da das Kloster im Khmer-Stil gestaltet ist, nahm man lange an, es sei bereits im 12./13. Jh. erbaut worden, doch neuere Forschungsergebnisse sprechen eher für das 14. Jh. Der schlanke Turm ist mit Stuckreliefs verziert und gehört zur U-Thong Periode (Ayutthaya). Sehr bemerkenswert sind die Bogenfenster am Viharn. Sie kamen unter Narai hinzu und nehmen europäische Architektur zum Vorbild. Die zahlreichen Chedis um den Prang zeigen charakteristische Merkmale der Sukhothai-Epoche.

Weiter westlich öffnen sich die Tore des bereits erwähnten Königspalastes **Phra Narai Rajaniwet Palace** (tgl. 8.30–16.30 Uhr). Er war 1677 vollendet und wurde im 19. Jh. unter König Mongkut (Rama IV.) umfassend restauriert. Man beachte die unzähligen Öffnungen in der Umfassungsmauer. Dort werden bei Feierlichkeiten zahllose Kerzen aufgestellt, die für stimmungsvolle Beleuchtung sorgen. Eine Allee führt vom ersten zum zweiten Tor, welches Reste von *Elefanten-* und *Pferdeställen* flankieren. Dahinter steht der strahlend weiße *Chanthara Phisan Pavillon* mit zweifach gestaffeltem Dach im Stil siamesischer Tempel. Er entstand ebenfalls 1665, als Privatresidenz für König Narai. Heute birgt er eine Abteilung des im Palastkom-

plex eingerichteten *Somdet Phra Narai National Museum* (Mi–So 9–16 Uhr) mit Möbeln, Münzen und Zeichnungen. Das dreistöckige Gebäude daneben, *Phiman Mongkut*, strahlt beinahe mediterranes Flair aus. Drinnen gibt es eine Ausstellung archäologischer Funde und Interessantes aus Mon- bzw. Khmer-Epoche zu sehen. In den Bauten des *Phra Pratiab* dahinter kann man Kunsthandwerk und Alltagsgegenstände studieren. Links vom Phiman Mongkut steht die Ruine des *Dusit Sawan Thanya Mahaprasat*, der ebenfalls westliche und siamesische Stilmerkmale aufweist. Eine Bronzetafel zeigt König Narai bei einer Audienz mit Gesandten des französischen Königs Ludwig XIV. Das Innere zierten einst hohe Spiegel, die als Gastgeschenke aus Versailles kamen. In der östlich gelegenen Ruine der Empfangshalle für ausländische Gesandte findet alljährlich im Februar ein *Fest* zur Erinnerung an König Narai statt.

Ausflug

Der Tempel **Wat Phraphutthabat**, auch Phra Buddha Baht genannt, liegt etwas abseits der Autobahn und 17 km südlich der Stadt *Saraburi* (diese wiederum liegt südlich von Lopburi). Berühmt ist die Tempelanlage vor allem, weil sie einen Fußabdruck von Buddha hütet. Diese ovale, etwa 1,50 m große Vertiefung wurde im 17. Jh. entdeckt und ist seitdem Pilgerziel vieler Menschen. In dem weitläufigen Tempelgelände, das sich an den Hügel schmiegt, herrscht vor allem an Wochenenden und beim großen Tempelfest im Februar oder März regelrecht Jahrmarktstimmung. Zahllos sind dann die Souvenirstände, Vogelverkäufer und Wunderheiler.

i Praktische Hinweise

Information

TAT, Ropwat Phrathat Road, Amphoe Muang, Lopburi, Tel. 036/42 27 68, tatlobri@tat.or.th

Hotel

Lopburi Inn Resort, 144 Phaholyothin Road, Lopburi, Tel. 036/42 07 77, www.lopburiinnresort.com. Angenehmes Haus am Stadtrand mit Pool.

Ein Besuch im Phra Narai Rajaniwet Palace führt zurück in eine Blütezeit Thailands

28 Sukhothai

Die erste Königsstadt Thailands gehört zum Weltkulturerbe der UNESCO.

12 km westlich der modernen Provinzhauptmetropole liegt der Sukhotai Historical Park mit der imposanten Ruinenstadt. Sukhothai ist die Wiege Thailands, und ihr Name bedeutet ›Dämmerung der Glückseligkeit‹.

Geschichte Nachdem die Khmer im Jahr 1238 nach Kambodscha zurückgedrängt worden waren, entstand um Sukhothai das erste Königreich Thailand. Die Grenzen des Landes reichten bald bis ins heutige Vientiane in Laos und bis hinunter auf die malaiische Halbinsel.

Unter *König Ramkamhaeng dem Großen* (1275–1317) erlebte die Stadt ihre Blütezeit. Die Sukhothai-Kultur brachte damals die schönsten Kunstwerke der thailändischen Geschichte und bedeutende religiöse und kulturelle Errungenschaften hervor. Um 1283 entwickelte gar der König selbst aus der Schrift von Mon, Khmer und Birmesen das thailändische Alphabet. Bald nach seinem Tod verlagerte sich das Zentrum der Macht von Sukhothai ins aufstrebende Ayutthaya. In der Nähe des Eingangs zur Königsstadt erinnert eine **Bronzefigur** an Ramkamhaeng, den ›Vater Thailands‹.

Besichtigung Für die Erkundung des weitläufigen **Sukhothai Historical Park** (tgl. 6-18 Uhr; das Haupttor Kamphaeng Hak, das sich am Ende der Straße von Sukhothai-Stadt befindet, ist bis 21 Uhr geöffnet) kann man Fahrräder mieten, die Läden findet man nahe dem Eingang. Hinter der Stadtmauer erheben sich vier Hindu-Schreine und 16 buddhistische Tempel. Die UNESCO nahm die Stadt 1991 in die Liste des Weltkulturerbes auf und half bei der Restaurierung der Bauwerke. Hier ist ein wahres Paradies für Fotografen, denn die Ruinen, ihre Spiegelbilder im Lotosteich und die monumentalen Buddha-Figuren, die allenthalben auf dem Gelände stehen, bieten faszinierende und magische Motive mit immer neuen Durchblicken und Perspektiven.

Typisch für die Sukhothai-Periode sind Tempel mit Pagoden in Lotosknospenform oder ceylonesischer Glockenform.

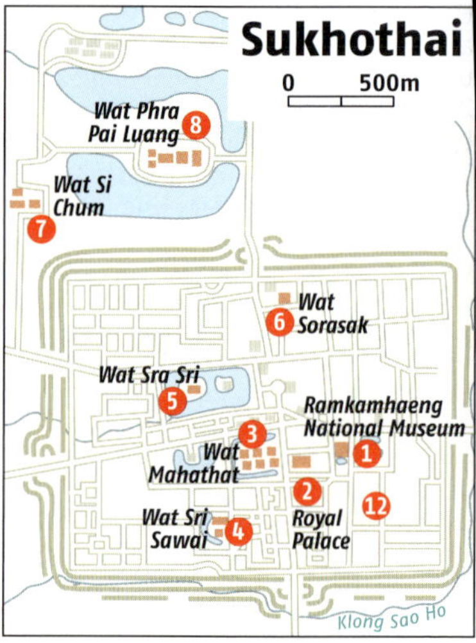

Buddha, der Erleuchtete, ist vielfach in schreitender Pose oder mit einem Lächeln im Gesicht dargestellt – dies sind typische Merkmale des klassischen Stils.

Ein Buddha aus Bronze ist im **Ramkamhaeng National Museum** 1 (tgl. 9–16

Zeitloses Pilgerziel – im 13. Jh. war Wat Mahathat das religiöse Zentrum des Reiches

Uhr) zu bewundern. Das Museum enthält außerdem eine Sammlung von Plastiken und Keramikarbeiten aus der Sukhothai-Zeit, aber auch Objekte aus anderen Epochen. Ein *Modell* der alten Königsstadt vermittelt einen guten Eindruck von deren einstigem Aussehen.

Hinter dem National Museum liegen die spärlichen Reste des **Royal Palace** 2, der ursprünglich aus Holz war, umgeben von Erdwällen und einem großen Wassergraben. Westlich schließt sich der **Wat Mahathat** 3 an. Das königliche Kloster war damals das größte Heiligtum des Landes. Mehr als 200 kleine Chedis sind auf einer Fläche von 240 m x 280 m um die Hauptpagode versammelt. Aufgrund der zahllosen Säulen, Prangs, der Reste von Kapellen (*Viharns*) und Ordinationshallen (*Bots*) ergibt sich ein etwas verwirrendes Gesamtbild. Der große Chedi erhebt sich auf einem quadratischen Sockel, dessen Reliefs eine Prozession buddhistischer Mönche darstellen. Die Lotosknospenspitze weist das Bauwerk als ein klassisches Beispiel für den Sukhothai-Stil aus, während die vier Viharns an seinen Ecken noch Merkmale des Khmer-Stils

Als Bronzefigur thront König Ramkamhaeng am Eingang zum Sukhothai Historical Park

zeigen. Vom Bot sind lediglich noch die imposanten Säulenreihen zu sehen, die einst das Holzdach trugen. An ihrem Ende sitzt ein weißer Buddha. In den kleinen Chedis wird übrigens die Asche von einigen Mitgliedern des Königshauses aufbewahrt.

Schreitender Buddha im Wat Sra Sri – graziös symbolisiert er den Aufstieg in den Himmel

Der südwestlich gelegene **Wat Sri Sawai** 4 besteht aus drei Prangs im Khmer-Stil, die hinter einer rötlichen Lateritmauer aufragen. König Ramkamhaeng, der den Theravada-Buddhismus von Sukhothai aus verbreiten ließ, veranlasste auch, dass die hinduistisch geprägten Khmer-Bauten mit buddhistischen Motiven versehen bzw. umgestaltet wurden.

Weiter in nördlicher Richtung passiert man den pittoresk auf einer Insel im See gelegenen **Wat Sra Sri** 5 mit gut erhaltenem Chedi in ceylonesischem Stil. Attraktiv präsentiert sich auch der kleine **Wat Sorasak** 6 ganz im Norden, dessen Chedi aus dem Jahre 1412 von reizenden Elefanten getragen wird. Dieses Tiermotiv wurde gleichfalls aus Ceylons Königspalästen übernommen.

Außerhalb der alten Stadtmauern lohnt sich ein Besuch von zwei weiteren Anlagen. Der **Wat Si Chum** 7 beeindruckt durch einen riesigen Buddha, der seit dem 14. Jh. inmitten eines quadratischen und zum Himmel offenen Mondhop sitzt. Mit etwa 15 m Höhe ist er einer der größten sitzenden Buddhas des Landes. Den zum Dach hinaufführenden Gang zieren gravierte Kalksteinplatten mit Szenen aus den buddhistischen Wiedergeburtsgeschichten, den Jatakas. Sie gelten als die ältesten ihrer Art in Thailand.

Der von einem Wassergraben umgebene **Wat Phra Pai Luang** 8 wurde wahrscheinlich Ende des 12. Jh. von den Khmer als hinduistischer Haupttempel errichtet und gilt folglich als eines der ältesten Baudenkmäler Sukhothais. Die große Anlage besteht aus den Resten einer quadratischen Stupa in Pyramidenform, dem Klostergebäude, einem Mondhop und einer Kapelle mit einem ruhenden Buddha. Von den ursprünglich drei Prangs steht nur der im Norden noch in

Seit 1412 tragen adrett im Mauerwerk aufgereihte Elefanten den Chedi des Wat Sorasak

Loy Krathong – das Lichterfest

Wenn am Abendhimmel über Sukhothai die leuchtenden Ballons und Laternen aufsteigen und langsam in der Nacht davonschweben, dann könnte man meinen, die Sterne wanderten. **Loy Krathong** (www.loikrathong.net), das Lichterfest, fand als wohl wichtigstes und romantischstes Fest in Thailand vermutlich erstmals vor über 700 Jahren statt. Zum Ende der Regenzeit, in der Vollmondnacht des zwölften Mondmonats (zumeist im November), wird dabei der Wassergöttin **Mae Phra Khongkha** gehuldigt. Dazu setzt man Schälchen aus Bananenblättern mit Kerzen, Räucherstäbchen und einer Münze aufs Wasser, hoffend, dass darin die Sünden und Wünsche davongetragen werden. Die schönsten dieser **Krathongs** – es sind richtige kleine Kunstwerke aus eingefärbten Lebensmitteln wie Melonenkernen, Hirse und Blütenblättern – werden prämiert.

Nirgendwo im Land wird das Fest prachtvoller inszeniert als in **Sukhothai**. Hier ist es ein sehr buntes, eindrucksvolles Spektakel. Vor der Kulisse der Tempelruinen zischen Feuerwerkskörper in den Nachthimmel, zwischen den erleuchteten Säulen des **Wat Mahathat** stellen Tänzer und Statisten die Geschichte des Königreichs Sukhothai dar. Die Wassergräben des Bezirks erstrahlen im Schein Tausender kleiner Lichterschiffe. Teelichter erstrahlen in Fenstern und Hauseingängen, Glühbirnenketten winden sich um Zäune, Dächer und Bäume.

Karten für das Dinner und die Show in Sukhothai sind bei der TAT und in den großen Hotels erhältlich.

seiner einstigen Pracht da – verschönt mit feinem Stuck und Buddha-Figuren.

Praktische Hinweise

Information

TAT, Jarodvithitong Road (über die Brücke), New Sukhothai, Tel. 055/61 62 28, tatsukho@tat.or.th. Das Büro vermittelt auch Homestays und Radtouren in die Umgebung sowie Zelt-Exkursionen in den Ramkhaeng Nationalpark.

Hotels

Ruean Thai Hotel, 181/20 Soi Pracharuammit, Jarodvithithong Road, Sukhothai, Tel. 055/61 24 44, www.rueanthaihotel.com. Traditionelles Thai-Teak-Haus mit liebevoll dekorierten Zimmern um den Pool. Der preiswertere Neubautrakt ist etwas hellhörig.

Le Charme, 9/9 Moo 3 Tambon Mungkao, an der Straße 1272 Richtung Kamphaeng Phet, Old Sukhothai, Tel. 055/63 33 33 www.lecharmesukhothai.com. Schickes Mittelklassehotel nahe den Ruinenstadt, bunte Häuser, geräumige Zimmer, Veranden zum Garten oder zum Pool.

Lotus Village, 170 Ratchathanee Street, New Sukhothai, Tel. 055/62 14 84, www.lotus-village.com. Teak-Häuschen in ruhigem Garten mit Lotusteich; antikes Mobiliar und große Bäder.

Restaurant

Sinvana, Tambon Mungkao, an der Straße 1272 Richtung Kamphaeng Phet), Old Sukhothai, Tel. 055/69 75 21. Großes Open-Air-Lokal am See mit Riesenauswahl an Thai-Speisen und Getränken.

Vertrauensvoll wendet sich die kleine Beterin an den großen Buddha im Wat Si Chum

Edles Interieur umgibt die Buddha-Statue im Wat Phra Si Ratana Mahathat von Phitsanulok

29 Si Satchanalai

Die Schwesterstadt Sukhothais – landschaftlich schön am Yom Fluss gelegen und mit ursprünglicher Atmosphäre.

Mehr als 100 Ruinen stehen im **Si Satchanalai Historical Park** (tgl. 8–17 Uhr), 60 km nördlich von Sukhothai. Der Ort wurde 1250 als königliche Zweitresidenz gegründet, und und heute gehört er zum UNESCO-Weltkulturerbe. Von den Hügeln der früheren Palast- und Tempelstadt genießt man den Blick über die weit verstreuten Bauten sowie die Reisfelder und sanften Bergkuppen der Umgebung. Die z.T. überwachsenen Ruinen wirken atmosphärisch ruhig und anheimelnd.

Im Zentrum der einst von hohen Mauern, Wassergräben und Toren umgebenen Ruinenstadt befindet sich der **Wat Chang Lom**, ein Ziegelstein-Chedi vom Ende des 13. Jh. in ceylonesischer Glockenform. Auch die 39 Elefanten am zweistöckigen Sockel gehen auf ceylonesische Vorbilder zurück. In den oberen Mauernischen thronen Buddha-Figuren. Weiter südöstlich liegt der **Wat Chedi Chet Taeo** mit seinen verschiedenartigen Stupas aus der Sukhothai-Epoche, die um einen größeren Chedi mit Lotosknospenspitzen gruppiert sind. Die Chedis präsentieren sich in sieben Reihen und enthalten die Asche der königlichen Stellvertreter. Der **Wat Nang Phaya** ganz im Osten stammt aus dem 16. Jh. und besitzt einen Viharn mit gut erhaltenen Stuckarbeiten.

Etwa 2 km entfernt erhebt sich in einer Schleife des Flusses Yom der **Wat Phra Si Ratana Mahathat**, ein Lateritbau, dessen prächtiger Prang sofort ins Auge fällt. Der Tempel ist auf das Schönste mit einer Reihe noch sehr gut erhaltener Buddha-Figuren geschmückt.

30 Phitsanulok

Provinzhauptstadt mit liebenswerter Atmosphäre.

Ein kleines *Museum* in der Stadtmitte gibt Auskunft über **Hausboote** und **Floßbungalows**. Oder man kann sich selbst ein Bild machen, denn in Phitsanulok nutzen noch einige Familien diese alte thailändische Wohnform. Aus Wellblech und Latten zusammengeschustert, schwimmen die Häuschen, manche nach drei Seiten offen, auf dem Nan, dem Lahi Nam Kwae Noi und im nahen Sumpfgebiet. Beim Abendessen in einem *Floating Restaurant* kann man den Flößeralltag beob-

:hten: Ein Mann angelt vom Wohnzimer aus, auf dem Wok brutzelt die Chiliiste, drei Kinder liegen bäuchlings vor dem Fernseher und leiden mit den Akteuren einer thailändischen Seifenoper. Und am Flussufer füllt sich der *Nachtmarkt* allmählich mit Kunden.

Steuerbord taucht der berühmte **Wat Phra Si Ratana Mahathat** (auch: Wat Yai) auf. Lichterketten hüllen den Chedi nachts in eine leuchtende Aura. Der Tempel ist mit schönen Perlmuttarbeiten am Tor und im Inneren mit Wandmalereien geschmückt. Hier thront auch der *Phra Buddha Chinnarat* aus dem 14. Jh., eine vergoldeter Bronzefigur im Sukhothai-Stil der Spätzeit. Buddha ist in der Pose *Man Wichai* dargestellt, in der er den teuflischen Versuchungen endgültig widerstand: eine Hand liegt im Schoß, die andere bedeckt das rechte Knie und berührt den Boden. Dieses Abbild des Erleuchteten wurde und wird in ganz Thailand kopiert, eine Statue steht z. B. im Marmortempel in Bangkok. Auf dem Tempelgelände befindet sich zudem ein kleines *Museum* mit Votivgaben.

Jedes Jahr im Februar oder März findet am Wat ein *Volksfest* statt. Und auf dem Fluss Nan werden im Oktober oder November farbenprächtige und spannende *Bootsrennen* veranstaltet.

Sehr interessant ist auch die **Buddha Image Factory** (Wisutkasat Road, Tel. 055/30 16 68) Mi–So 8.30–16.30 Uhr) im Süden der Stadt: Hier wird Buddha als Figur tausendfach zum Leben erweckt. Die einzelnen Arbeitsschritte des Bronzegießens sind auf Fototafeln erläutert.

Auf der gegenüber liegenden Straßenseite zeigt das kleine **Folk Museum** (20/8 Wisutkasat Road, Tel. 055/21 27 49, Di–So 8.30–16.30 Uhr) Alltagsgegenstände und nachgestellte Szenen des 19./20. Jh., von der Geisterbeschwörung über Zuckerrohrmühlen bis hin zur Kakerlakenfalle – eine ambitionierte Ausstellung.

i Praktische Hinweise

Information

TAT, 209/7-8 Surasi Trade Center, Boromtrailokanat Road, Phitsanulok, Tel. 055/25 27 42, tatphlok@tat.or.th

Hotel

Topland Plaza Hotel, 68/33 Akathodsarod Street, Phitsanulok, Tel. 055/24 78 00, www.toplandhotel.com. Ordentliche Mittelklasse-Zimmer in einem Business-Hochhaushotel, Karaoke und Disco im 4. Stock, Pool, chinesisches Restaurant.

Restaurant

TOP TIPP **Pae Pha Thai Floating Restaurant**, 60 Buddhabuja Road, nahe Supanganlaya Bridge gegenüber Wat Yai, Wangtchan, Phitsanulok, Tel. 055/24 27 43. Hausboot-Restaurant im traditionellen Stil am Ufer des Nan. Gute Küche, vor allem Fisch und Meeresfrüchte. Reservierung empfohlen (tgl. 11–23 Uhr).

Kleine Schönheitskorrektur am Gesicht des Erleuchteten in der Buddha Casting Factory

Smaragde und Saphire, Rubine und Rosenquarz – edle Steine gibt es in Mae Sot in Fülle

31 Mae Sot

In dem Grenzstädtchen herrscht tagsüber reges Treiben.

Ein lebhafter Marktflecken mit buntem Völkergemisch und einer in weiten Teilen noch intakten Natur nahe der Grenze – das macht Mae Sot attraktiv, für Touristen wie für Schmuggler. Myanmar (2010 wurde die Grenze wieder einmal geschlossen) liegt nur 5 km entfernt am Fluss Moei. Für die Region gibt es große Pläne: Nicht nur der thailändisch-myanmarische Handel soll über die neue Moei-Brücke laufen, sondern eines Tages auch der *Pan Asian Highway* von Singapur nach Pakistan. Aber noch bezaubert die Gegend durch Ruhe. Einige wunderschöne Tempel im birmanischem Stil finden sich im Städtchen und in der Umgebung.

Birmanen und Karen, Inder und Pakistani, Chinesen und Thailänder haben sich in Mae Sot niedergelassen. Und so verwandelt sich der kleine Ort tagsüber in ein quirliges *Einkaufszentrum*: Schmuckläden (vor allem Jade, Rubine und Saphire aus Myanmar), Kleider- und Elektronikgeschäfte reihen sich aneinander, manche Waren stapeln sich sogar auf den Bürgersteigen. Viele Menschen aus Myanmar kommen per Boot über den Moei und erwerben Waren, die im Heimatland unerschwinglich sind. Die Besucher tragen Wollmützen und dicke Jacken, denn morgens kann es sehr kalt sein. Unter den Jacken haben die Männer noch die traditionellen Hüfttücher *Longyis* geschlungen. Vom Flussufer starten pausenlos Longtail Boote mit Kisten und Kartons beladen in Richtung Myawaddy, dem Grenzort auf Myanmars Seite. Unterhalb der Brücke befindet sich ein Grenzmarkt mit Produkten aus Myanmar, z.B. Holzmöbel, Lackwaren und Edelsteine.

Von Mae Sot bieten Veranstalter Touren in die Umgebung von **Umphang** (ca. 160 km südlich) an. Spektakuläre Wasserfälle von beachtlichen Ausmaßen, dichte Bambuswälder, reißende Wildbäche, in-

Weite Reis- und Baumwollfelder prägen die Felder auf der Hochebene rings um Mae Sot

Über mehrere Kaskaden ergießt sich der Fluss Klo Tho im Thi Lo Su Wasserfall talwärts

takter Dschungel – die Szenerie in dieser abgelegenen Wildnis ist grandios. Ein Marsch durch das Naturschutzgebiet oder eine Tour mit dem Kayak über Stromschnellen bringen den Besucher TOP TIPP zum **Thi Lo Su Waterfall**, auch Thilawsoo genannt, dem schönsten in Thailand: ›Wasser fällt groß‹ nennen die hier ansässigen Karen diesen mächtigen, bis zu 400 m breiten und ingesamt an die 200 m hohen Katarakt, der gischtend aus dem Dschungel herausbricht.

i Praktische Hinweise

Information

TAT, 193 Taksin Road, Tak, Tel. 055/51 43 41, tattak@tat.or.th

Hotels

Centara Mae Sot Hill Hotel, 100 Asia Road, Mae Sot, Tel. 055/53 26 01, www.centarahotelsresorts.com. Attraktives Hotel mit hervorragendem Restaurant am See, hübschem Garten, Pool und Tennisplatz.

Rujira, 3/18 Buakun Road, Mae Sot, Tel. 055/54 49 69. Kleines Hotel am Stadtrand, Zimmer z.T. mit ›Himmelbetten‹. Schöner Garten zum Relaxen in Hängematten und auf Thai-Kissen.

Restaurants

Crocodile Tear, 646–650 Intarakiri Road, Mae Sot, Tel. 055/53 31 62. Gemütliche Kneipe mit Livemusik (tgl. 17–1 Uhr).

Khao-Mao Khao-Fang Restaurant, ca. 2 km auf der Straße 1085 Richtung Mae Sariang, Tel. 055/53 24 83. Lokal mit bezauberndem Steingarten, Teichen, Wasserfällen, Schwänen und fantastischem Thai-Essen (tgl. 10–22 Uhr).

I-Saan – eine Reise in den wilden Nordosten

Wer Traditionen auf der Spur ist, die von modernen Einflüssen noch weitgehend unberührt sind, und darüber hinaus höllisch scharfe Speisen schätzt – ja, der sollte sich in Thailands Nordosten begeben. Und zwar in den I-Saan, ein ausgedehntes **Hochplateau**, das ein Drittel des gesamten Königreichs bedeckt. Im Norden und Osten reicht die Region bis zum Mekong, im Süden bis an die Grenze zu Kambodscha. Das Land ist trocken und karg, auf dem sandigen Boden gedeiht keine große Pflanzenvielfalt, doch immerhin wachsen Tapioka-Wurzeln, Zuckerrohr, Baumwolle und Eukalyptus darauf. Die handgewebte *Matmi-Seide* zählt neben *Keramikarbeiten* zu den Exportschlagern des I-Saan. Viele religiöse Feste und farbenfrohe Bootsrennen geben Einblick in eine **Kultur**, deren Wurzeln im Nachbarland Laos liegen. Über den Grenzfluss **Mekong** gelangten laotische Einflüsse nach Thailand, und dies schon lange vor dem 1994 erfolgten Bau der ›Freundschaftsbrücke‹ in Nong Khai. Dem Besucher fallen als erstes die schlanken und spitz zulaufenden Pagoden in Weiß und Gold ins Auge. Sie stehen im Kontrast zu den gedrungen wirkenden Khmer-Türmen aus wuchtigen Steinquadern oder den traditionellen Thai-Tempeln mit ihren bunten Mosaikdächern. Die Erkundung des Nordostens beginnt bereits drei Autostunden von Bangkok entfernt – in **Khao Yai**, dem ältesten Nationalpark Thailands. Seit 2005 zählt man ihn zum Weltkulturerbe und Weltnaturerbe der UNESCO. Und vielleicht endet der Trip ja spektakulär – etwa mit einer Abenteuerfahrt auf dem Flussriesen Mekong nach Laos [s. S. 134].

32 Khao Yai National Park

Auf Elefantenpirsch im ältesten Nationalpark Thailands.

Es ist stockfinster. Nur der Lichtkegel des Scheinwerfers streift durch das Dickicht. Ein Schrei ertönt. Ein Heulen antwortet: Gibbons. Sie bleiben unsichtbar in den Wipfeln der mächtigen *Mai Yang* Bäume. Nur das Sambar-Rotwild auf der Lichtung zeigt sich unbeeindruckt von der nächtlichen Lichtershow: Auf der *Night Safari* rumpelt der Laster der Forstverwaltung durch den etwa 2000 km² großen Khao Yai National Park (www.dnp.go.th/park reserve, tgl. 6–18 Uhr, bei Nachttouren bis 21 Uhr), der 80 km südwestlich von Nakhon Ratchasima liegt. Tagsüber zeigt sich der **Khao Yai**, der ›große Berg‹, in voller Schönheit: In 800 m Höhenlage ziehen sich immergrüne Bergwälder über die weiten Hänge, überragt nur vom **Khao Khiao** und **Khao Laem** (beide etwa 1300 m hoch). Die ausgedehnten Grasflächen im Nationalpark sind Lebensraum für etwa 100 wilde Elefanten. Die Ranger wollen gar noch 50 Tiger gezählt haben. Größer ist die Chance auf Begegnung bei Wildschweinen, Schwarzbären und den hier heimischen Vögeln. Letztgenannte (es gibt immerhin 333 unterschiedliche Arten) sind vor allem im Januar und im Februar gut zu beobachten.

Rund 50 **Wanderwege** und **Trekkingrouten** führen durch den Nationalpark, teils auf ziemlich matschigen Dschungelpfaden, die nur zwischen Dezember und Juni begehbar sind. Allenthalben hört man die fantastischen Stimmen des Urwalds. Das tausendfache Summen der Zikaden klingt manchmal wie ein Teekessel, dann wieder wie ein Sägewerk. Luftwurzeln schlagen meterhohe Purzelbäume und beeindrucken durch ihren oft erstaunlichen Umfang.

Immer höher schraubt sich die Asphaltstraße, auf der häufig Makaken sitzen, um sich den roten Hintern zu wärmen. Das Füttern der Tiere ist übrigens streng verboten. Glanzpunkte der Exkursion sind die gewaltigen Wasserfälle des Parks, darunter der **Haeo Narok**, dessen 200 m langer Wasserschweif über drei mächtige Stufen zu Tal donnert. Bis vor einigen Jahren stürzten hier immer wieder Elefantenjunge bei ihrem Marsch am Rande der Klippen hinab. Zu ihrem Schutz errichtete man dicke Betonpfeiler und einen Stacheldrahtzaun im Dschungel.

Führer bringen Besucher auch zu einem Felsplateau in schwindelerregender Höhe. Von hier oben kann man das Paradies des sich scheinbar unendlich ausdehnenden Nationalparks bewundern – ein Meer aus tropischem Grün, stellenweise verhangen mit Nebelschwaden, aus denen nur die Kronen einiger Baumriesen emporragen.

i Praktische Hinweise

Information

Im *Visitor Center* des Khao Yai National Park stehen zwar Führer zur Verfügung, aber es ist schwierig, einen Guide zu finden, der Englisch spricht und Lust zum Laufen hat. Im Park gibt es einfache Unterkünfte und Camps.

Urwalderlebnis auf wackeligen Planken – Entdeckungstour im Khao Yai-Nationalpark

Hotel

Khao Yai Nature Life & Tours, Thanon Thanarat, Pak Chong, Mobil-Tel. + 66/ 815156049, www.khaoyainaturelifetours.com. Eine tropische Idylle in der Nähe des Nationalparks. Einige Zimmer und Häuser sind einfach und zweckmäßig, andere mit Antiquitäten eingerichtet. Zum Freizeitprogramm gehören Touren durch den Park und durch andere Landschaften der Region.

33 Pak Thong Chai

Die hohe Kunst des Matmi-Webens: Seidenwebern über die Schulter geschaut.

Der Nordosten Thailands ist berühmt für die Produktion von *Thai-Silk*. Weite Teile der Ebene sind von Maulbeerbäumen bedeckt, deren Blätter als Futter für die gefräßigen Seidenraupen aus Thailand oder China dienen. Die Tiere verpuppen sie sich später in daumengroße Kokons. In Fabriken wird daraus der Seidenfaden gewonnen, gefärbt, gespült, geschleudert und wieder ›gerade geschlagen‹. Nach dem Trocknen in der Sonne wird

der Faden auf Spulen gewickelt. An den Webstühlen entsteht in einem langwierigen Arbeitsprozess schließlich das Seidengewebe. Am Ende eines Tages hat ein Weber etwa 5 m Seidenstoff in Meterbahnen produziert.

In langwieriger Handarbeit werden in Pak Thong Chai Seidenstoffe hergestellt

Insbesondere der kleine Ort *Pak Thong Chai* (36 km südlich von Nakhon Ratchasima) lebt seit Generationen von der **Seidenherstellung**. In einigen der nahezu 70 Werkstätten können Besucher bei der Produktion der edlen Stoffe zuschauen. Hier bietet sich die beste Gelegenheit, echte Seide zu angemessenen Preisen zu kaufen, und die Auswahl an Produkten ist besonders groß.

In der **Ratee Maithai Mudmee Factory** arbeiten 80 Angestellte in drei Schichten. Den Besuchern werden alle Herstellungsschritte vorgeführt. Ganz besonders aufwendig ist die Produktion von *Matmi* (Mudmee)-Seide: Der Seidenfaden ist alle 2 cm in unterschiedlichen Farben eingefärbt. Damit bei dieser Art von Feinstweberei ein gleichmäßiges Muster entsteht, bevorzugt Rauten, muss die Weberin ein außergewöhnlich gutes Auge und großes Geschick haben.

Prasat Phanom Rung – eines der schönsten Denkmäler der Khmer-Kunst des 11. Jh. ...

34 Prasat Phanom Rung

TOP TIPP *Beeindruckende Zeugnisse der einstigen Khmer-Herrschaft auf thailändischem Territorium.*

Von Angkor nach China, vom heutigen Myanmar bis Malaysia und Südvietnam reichte das bis ins 13. Jh. bestehende Reich der kambodschanischen Khmer in Südostasien. Zeitweise umfasste es auch Zentralthailand, daher förderten Ausgrabungen in der Region zahlreiche **Khmer-Heiligtümer** zutage. Allerdings werden solche Anlagen wie z. B. in *Phimai* (rund 50 km nordöstlich von Nakhon Ratchasima) oft von Kunsträubern geplündert, und so wird das eine oder andere Relief für immer verschollen und mancher Shiva kopflos bleiben.

Der Prasat Phanom Rung zählt zu den besterhaltenen Bauwerken der Khmer-Epoche in Thailand. Der Bau wurde wohl schon im 10. Jh. begonnen und bis ins 13. Jh. erweitert. Die Anlage befindet sich auf dem Berg *Phanom Rung* und ist schon aus der Ferne gut zu sehen, da sie sich unvermittelt aus der staubtrockenen Landschaft erhebt. Von der Höhe dieses 400 m hohen erloschenen Vulkans reicht

... mit reichem Skulpturenschmuck an Fenstern, Türen und Simsen. Dargestellt sind Szenen aus der hinduistischen Mythologie

der Blick über die Felder zu den Gipfeln der südlich gelegenen *Dangrek Mountains* an der thailändisch-kambodschanischen Grenze. Eine monumentale Treppe aus Sandstein, flankiert von Ehrfurcht gebietenden fünfköpfigen *Naga-Schlangen* im Angkor-Stil, führt hinauf zum **Prasat Hin**, der ›Felsenburg‹. Das etwa 1000 Jahre alte Bauwerk steht auf einer Terrasse mit Haupteingang im Osten. Es wird von vier Galerien umgeben. Von den indischen Hindu-Tempeln hat man den *Gopuram* übernommen, den Toreingang mit turmartigem Aufbau. Das Hauptheiligtum im Inneren ist der *Prasat*, der typische gedrungen wirkende Khmer-Turm, von dem die Thai später ihren schlankeren Prang ableiteten.

Der Tempel diente als hinduistisches Heiligtum. Götter und Figuren aus der Mythologie sind in kunstvollen *Reliefs* an Fenstern, Türen und Simsen gegenwärtig. So findet man z. B. am östlichen Eingang einen tanzenden Shiva, Nandi (das Reittier Shivas) sowie Szenen aus dem indischen Heldenepos Ramayana. Besondere Berühmtheit erlangte das hiesige *Phra Narai Relief* mit dem liegenden Vishnu. Es war in den 1960er-Jahren geraubt worden und tauchte später in einem Museum von Chicago wieder auf. Erst 1989 kehrte das Meisterwerk nach Thailand zurück.

Auch einen Fußabdruck Buddhas birgt der Tempel, und im April wird ein Fest zu Ehren Buddhas gefeiert. Eine *Light and Sound Show* informiert dabei über die Vergangenheit des Prasat Phanom Rung.

35 Surin

Beim spektakulären Elefantenfestival werden alte Zeiten lebendig.

Die Stadt Surin ist alljährlich am dritten Wochenende im November Ziel einer bemerkenswerten Pilgerschar. Als erste kom-

Dickhäuter – tonnenschwer und umgeschult

Wenn die 60-jährige Thongkoon mit ihrem Baby in Bangkok die Straße überquert, kommt es jedes Mal zu einem Stau. Wildes Hupen ist nicht selten die Reaktion der gestressten Taxifahrer. Am Hard Rock Café bildet sich schließlich eine Menschenmenge um die nicht mehr ganz so junge Thailänderin mit den ausgefransten Ohren. Denn Thongkoon ist eine Elefantenkuh, und sie und ihr Junges sind eine richtige Attraktion. Die Touristen kaufen Bananen oder Zuckerrohr, stopfen das Futter ängstlich in Thongkoons Maul und streicheln entzückt ihr Kleines.

Elefanten gab es in Bangkok schon, bevor der Ort vor über 200 Jahren zur neuen Hauptstadt ernannt wurde. Damals waren die Dickhäuter das unbestreitbar stärkste **Transportmittel**, und bei Feldzügen liefen sie immer in vorderster Front.

Heute gehören die Elefanten zu den zehn am meisten bedrohten Tierarten. Wissenschaftler schätzen die Zahl der in Thailands Nationalparks und den wenigen verbliebenen Urwäldern im thailändisch-myanmarischen Grenzgebiet lebenden Exemplare auf 2000 – einst, so ist überliefert, sollen es etwa 100 000 gewesen sein.

Als gezähmte Arbeitstiere für den Holztransport in thailändischen Wäldern waren noch im 20. Jh. an die 4000 Elefanten beschäftigt – jedoch nur bis 1989. Das in jenem Jahr verhängte Verbot des Holzfällens machte auch die Jumbos arbeitslos. Manche wanderten als ›Gastarbeiter‹ nach Myanmar, Laos und Kambodscha aus, andere wurden weiterhin illegal in den Wäldern eingesetzt. Kaum jemand bedenkt, dass ein Elefant im Jahr etwa 700 000 Baht Unterhalt kostet, da er bis zu 250 kg Bambus am Tag konsumiert. Doch Bambuswälder sind längst rar, Futter muss zugekauft werden. Viele der landlosen **Mahouts** (Elefantenführer) ziehen daher in der touristischen Nebensaison mit ihren Vierbeinern durch die Städte, namentlich Bangkok, um bettelnd (mit dem Rüssel) für das Nötigste zu sorgen.

Ansonsten trifft man die Dickhäuter in Trainingscentern und bei Elefantenshows. Beim **King's Cup Elephant Polo** [s. S. 121, 131], einem internationalen Poloturnier im Goldenen Dreieck, stellen sie ihre sportlichen Fähigkeiten unter Beweis. Der Erlös aus Turnier und Gala kommt dem **Thai Elephant Conservation Center** [s. S. 123] nahe Lampang zugute, wo bis zu 100 Elefanten leben.

Auf ins Getümmel: Beim Elefantenfestival in Surin schlägt man alte Schlachten noch einmal

men die Elefanten – aus allen Landesteilen bringen die Mahouts ihre Dickhäuter zum **Elephant Round-Up**. Es gibt Staus und jede Menge Elefantendung auf den Straßen. Anschließend kommen Massen von Zuschauern – tagelang herrscht großes Geschiebe und Gedränge.

TOP TIPP

Aus der Gegend um Surin stammen viele der alten Elefantenfänger vom Volk der *Suay* ab, dem nachgesagt wurde, sie seien bei der Treibjagd und Dressur besonders mutig und erfolgreich. Am begehrtesten waren die ›weißen‹ Elefanten, die *Chang Puak*. Sie sind zwar ebenso grau wie die anderen, doch an Kopf, Rüssel und Ohren rosa. Sie gelten als Glücksbringer und waren ausschließlich für das Königshaus bestimmt. Gejagt wurde in den Bergwäldern im Grenzgebiet zu Kambodscha. Aber nicht nur der Krieg und die Roten Khmer machten dem ein Ende. Früher sollen 100 000 Dickhäuter durch Siam gezogen sein, heute zählt man gerade noch 2000.

Doch beim Fest im Fort von Surin werden die alten Zeiten wieder lebendig. Viele Bewohner I-Saans sind in Originaltrachten gekleidet. Ebenfalls in Kostümen und mit Kanonenschüssen werden historische *Schlachten* nachgestellt, bei denen die Elefanten die Hauptrolle spielen.

Auch die *Treibjagd* mit dem Lasso gehört zum Programm. Bei ihrem Show-Einsatz als Holzfäller können die Elefanten ihre Geschicklichkeit, Kraft und Intelligenz beweisen: Mit erstaunlicher Eleganz hält mancher der tonnenschweren Kolosse die Balance auf einem Baumstamm, andere Tiere manövrieren die Stämme, teils sogar im Rückwärtsgang, als bewegten sie Streichhölzer. Und natürlich darf auch ein uralter Brauch bei diesem turbulenten Volksfest nicht fehlen: Schwangere Frauen gehen unter den Elefanten hindurch, um einen guten Verlauf der bevorstehenden Geburt zu sichern. Zum Abschluss steht das Kräftemessen von Mensch und Elefant auf dem Programm, und meist gewinnt letzterer (ahnte man es nicht?) das Tauziehen.

i Praktische Hinweise

Information

Auskünfte zum Elefantenfestival sind beim TAT in Bangkok [s. S. 28] erhältlich. Dortige Reisebüros bieten auch organisierte Touren an. Bahntickets müssen rechtzeitig gebucht werden.

Hotel

Petchkasem Plaza Hotel, 104 Jitbumrung Road, Surin, Tel. 044/51 12 74, www.pkhotel.co.nr. Angenehmes Mittelklassehotel in modernem Gebäude. 165 klimatisierten Zimmer und Suiten. Pool und Restaurant.

Der Norden – Abenteuer im Goldenen Dreieck

Tosende Wasserfälle, heiße Quellen, Fledermaushöhlen. Palmenhaine in schimmernden Reisfeldern, Dschungel und Teakholzwälder: Die grandiose Landschaft in den Bergen Nordthailands entfaltet sich hinter jeder Haarnadelkurve aufs Neue. Der Himalaya steigt hier mit seinen kleineren thailändischen Gefährten endgültig in die Ebene herab, an seinen Hängen gedeihen Erdbeeren, Mais und Schlafmohn. Höchste Erhebung ist der **Doi Inthanon** (2565 m), das ›Dach Thailands‹. Das berühmt-berüchtigte **Golden Triangle**, das Goldene Dreieck zwischen Laos, Myanmar und dem einstigen Siam, ist schon seit Jahrhunderten Schauplatz von Drogenschmuggel, Grenzscharmützeln und Geisterbeschwörungen. Thailands zweitgrößte Stadt, **Chiang Mai**, ist ›Rose des Nordens‹ und berühmt für ihr *Kunsthandwerk* und den *Lanna-Stil*: Die birmanisch und laotisch inspirierten Holztempel hier gehören mit ihren filigranen Schnitzereien zu den frühen Meisterwerken einheimischer Architektur. Per Bambusfloß, mit Elefanten oder klapprigen Bussen gelangt man über Stromschnellen und viele Kurven Richtung **Chiang Rai**. Unüberschaubarer Grenztrubel herrscht in **Mae Sai**. China liegt hier quasi um die Ecke, aus dem mächtigen Reich hat sich der Mekong seinen Weg nach Thailand gebahnt. Das Golden Triangle hat in **Sob Ruak** seine Spitze – und die ist ein touristischer Tummelplatz. Vom anderen Flussufer grüßt schon Laos herüber.

36 Chiang Mai

Bo Sang – San Kamphaeng – Mae Sa Valley

Geschäftiges Trekkingzentrum mit vielen alten Tempeln und Kunstgewerbeläden.

Von hohen Bergen umgeben, liegt Chiang Mai verborgen in einem Tal am Ufer des Ping. Der Stadtgraben schützt den 700 Jahre alten quadratischen Stadtkern noch heute: Ein schier endloser Strom aus Mopeds und dreirädrigen Tuktuks knattert zur Rushhour um die Altstadt herum, Apartmenttürme und haushohe Plakatwände verdecken beinah die Kulisse der Zweitausender.

Doch hinter den modernen Alltagskulissen behaupten sich alte Traditionen: Chiang Mai ist mit buddhistischen Tempeln geradezu übersät – mehr als 100

In den Hochebenen um Chiang Mai leuchten die Reisfelder wie grüne Smaragde

sollen es sein. Ihre Chedis blitzen allerorten in der Sonne. Einen grandiosen Ausblick bietet bei klarem Wetter der Gipfel des Doi Suthep im Norden der Stadt.

Geschichte Chiang Mai war jahrhundertelang die Hauptstadt von Lanna Thai – dem ›Reich der Millionen Reisfelder‹. Im 13. Jh. musste *König Mengrai* vor den Mongolen aus dem nördlich gelegenen Chiang Rai nach Süden ausweichen. Er ließ hier zu Füßen des Doi Suthep den Dschungel roden und 1296 den Grundstein für seine ›neue Stadt‹ legen. Die entwickelte sich in den folgenden Jahrhunderten zu einem wirtschaftlichen und kulturellen Zentrum und damit auch zur Konkurrentin der siamesischen Königsstadt Ayutthaya. Immer wieder kam es daher zu kriegerischen Auseinandersetzungen. Mitte des 16. Jh. machten die Birmanen Chiang Mai zu ihrem Vasallenstaat – bis zur Befreiung durch *König Taksin* rund 220 Jahre später.

Besichtigung Die Besucher können den Charme des historischen Chiang Mai noch in den verwinkelten Gassen der denkmalgeschützten **Altstadt** erleben – durch ein wahres Labyrinth aus Wohnvierteln mit alten Teakhäusern auf Pfählen, schmucken Villen und blühenden Gärten geht es schließlich zu den drei bedeutendsten Tempeln der Stadt.

Vom **Wat Chiang Man** 1 (tgl. 9–17 Uhr) an der Ratchaphakinai Road kann man systematisch die Geschichte der Stadt erkunden. Dieser Tempel entstand wahrscheinlich bereits 1296 und ist damit der älteste in Chiang Mai. Der Viharn rechts wurde allerdings erst in den 1930er-Jahren errichtet. Im Wat soll König Mengrai beim Bau der Stadt residiert haben. Der laotisch beeinflusste Lanna-Thai-Stil ist an dem tief herabgezogenen, mehrfach gestaffelten Dach, dem mit Schnitzereien und Naga-Schlangen versehenen Giebel und den verzierten Holzsäulen des Tempels erkennbar. Eine weitere Besonderheit: ein turmähnlicher Bau mit vergoldetem quadratischen Chedi, der auf 15 Stuckelefanten zu ruhen scheint. Er bewahrt zwei echte Kleinode: einen kleinen Kristall-Buddha und den marmornen schreitenden Phra Sila-Buddha aus dem 8. Jh. Es sind die bedeutendsten Kultfiguren des Heiligtums. Den 30 cm hohen Phra Sila verehren die Thai ganz besonders, denn er soll die Fähigkeit des Regenmachens besitzen. Deshalb trägt man ihn auch alljährlich im April zum Neujahrsfest *Songkran* [s. S. 114] durch die Straßen.

Das religiöse Zentrum Chiang Mais ist der **Wat Phra Sing** 2 (tgl. 9–17 Uhr) aus dem Jahr 1345. Er erhebt sich in der Phra Sing Road, einer Verlängerung der Ratchdamnoen Road. Beim Songkran-Fest im April steht der Tempel im Mittelpunkt der

Der Vihran Lai Kam (links) beherbergt die kostbare Buddha-Statue des Wat Phra Sing

Wasserzeremonien, wenn die Buddha-Statue *Phra Sing* (Sihing) mit Wasser ›gebadet‹ wird. Unklar bleibt, ob es sich hierbei tatsächlich um die fast 2000 Jahre alte Originalfigur handelt. Zwei weitere, gleichartige Exemplare des Buddha befinden sich in Nakhon Si Thammarat bzw. im Nationalmuseum in Bangkok. Der 1922 gestohlene Kopf der hoch verehrten Figur wurde übrigens durch eine Nachbildung ersetzt. Aufbewahrungsort des Phra Sing ist der Viharn *Lai Kam* links hinter dem Bot (nicht immer geöffnet). Der Bot steht auf einem Steinsockel und hat ein dreiteiliges hölzernes Dach. Mit seinen kostbaren Holzschnitzarbeiten an Dachgiebeln, Fenstern und Türen gilt er als ein Paradebeispiel der Lanna-Architektur.

Eine wahre Augenweide ist die zierliche hölzerne *Bibliothek* (wahrscheinlich 14. Jh.) auf der rechten Seite des Tempelgeländes. Sie ruht ebenfalls auf einem hohen, figurenbesetzten Steinsockel und gilt mit ihren goldverzierten Türen und Fenstern als eines der reizvollsten Bauwerke der Lanna-Epoche.

In der Phra Pokklao Road steht der im 15. Jh. erbaute **Wat Chedi Luang** 3, dessen markante Ruine schon von Weitem

den Weg weist: Vor rund 450 Jahren brachte ein Erdbeben die damals fast 90 m hohe Pagode zum Einsturz. Heute misst der Schrein mit Sockel immerhin noch etwa 60 m. Eine Steintreppe führt hinauf, an beiden Seiten flankiert von *Nagas*, den Himmelsschlangen mit ihren Drachenköpfen. Den Unterbau ziert eine Reihe von Elefantenköpfen. Der Viharn im Lanna-Stil birgt eine lange Säulengalerie und eine 9 m hohe bronzene Buddha-Statue.

Außerhalb der Altstadtmauern

Nordwestlich am Super Highway neben dem gleichfalls sehenswerten *Wat Chet Yot* liegt das interessante **Chiang Mai National Museum** 4 (Mi–So 9–16 Uhr, Fei geschl.). Die Sammlung präsentiert hochkarätige Buddha-Figuren des 14.–17. Jh. von der Mon- bis hin zur Sukhothai-Zeit, aber auch Kunsthandwerk, Waffen und Alltagsgegenstände aus dem Besitz der Könige und der Bergvölker.

Ein Ausflug auf kurvenreicher Route führt 15 km in Richtung Nordwesten auf den Gipfel des Doi Suthep zum TOP TIPP **Wat Phra That Doi Suthep** 5 (tgl. 6–19, Tempel 8–17 Uhr), dem wichtigsten Tempel im Norden Thailands. Vor Ort müssen noch die 290 Stufen zwischen zwei riesigen mehrköpfigen Naga-Leibern erklommen werden – weniger Sportliche nehmen die kleine Seilbahn. Beinahe geblendet steht der Besucher

Auch im Wat Phra Sing sind diese Novizen nicht von der Außenwelt abgeschnitten

Den zentralen Chedi des Wat Phra That Doi Suthep umgeben weitere Tempel und Schreine

schließlich vor dem prächtigen Bau mit seinem vergoldeten Zentrum: Der 20 m hohe Chedi und die großen Ehrenschirme blitzen im Sonnenlicht, ein Bild wie aus einem fernöstlichen Märchen. Reich geschmückte, überdachte Altäre umgeben den Tempelturm, auf dessen Spitze ebenfalls ein Ehrenschirm prangt. In den Galeriegängen sind zahlreiche Buddha-Statuen versammelt, Wandmalereien illustrieren Begebenheiten aus dem Leben Buddhas. Eine uralte Legende rankt sich um diesen Wat: Die Herrscher schickten einen Elefanten mit einer Reliquie auf dem Rücken los, um einen angemessenen Ort für das Heiligtum zu finden. Dort, wo der Elefant sich schließlich zur Ruhe legte und starb, wurde 1383 ein Chedi über der Reliquie erbaut.

TOP TIPP Kein Tourist wird auf einen Bummel durch den **Night Bazaar** 6 verzichten (tgl. 18–23 Uhr in der Chan Klang Road im modernen Zentrum). Hier ist zwar von asiatischer Ursprünglichkeit nicht mehr allzuviel zu spüren, aber das Handeln geriert sich als Pflicht und Vergnügen zugleich. Auf zwei Etagen ziehen die Kunden an zahllosen Ständen vorbei: Raubkopien aktueller CDs und DVDs gehören ebenso zum Angebot wie allerlei kunstvolle Schnitzarbeiten, Antiquitäten, Porzellan, Mode, Schmuck, Seidenstoffe, Webarbeiten und Trachten der Bergvölker. Dazu kommt jede Menge Schnickschnack, und dazwischen halten zierliche Frauen in Stammestracht, das obligatorische Baby im Arm, die Hand auf. Vorsehen sollte man sich im Gewühl vor Langfingern. In den umliegenden Straßen haben die Meo- und Akha-Händlerinnen ihre Waren auf dem Boden ausgebreitet. Ein weiterer populärer, sehr trubeliger Markt findet jeden Sonntag (15–23 Uhr) in der Ratchdamnoen Road, der *Sunday Walking Street*, in der Altstadt, statt

Ausflüge

In der Umgebung Chiang Mais liegen etliche Dörfer mit traditionsreichen kunsthandwerklichen Betrieben. 10 km östlich führt die Route 1006 durch die Dörfer **Bo Sang** und **San Kamphaeng**, die hauptsächlich von Lanna-Thai-Kunsthandwerk leben. Dutzende von Manufakturen bilden die Dorfkulisse entlang der Hauptstraße und laden zur Besichtigung ein. Keramik- und Holzschnitzarbeiten, Silber- und Goldwaren, Bambusmöbel und bunte Papierschirme (*Bo Sang*) werden hier gefertigt. Schade allerdings, dass bei der Kolorierung der Stücke heute die traditionellen Naturfarben, bestehend aus Beeren, Wurzeln und pulverisierten Insekten, überall durch leuchtende synthetische Farben ersetzt worden sind.

Einen lohnenden Tagesausflug erlebt, wer der Straße 1096 (zweigt hinter Mae Rim vom Highway 107 ab) ins nördlich gelegene **Mae Sa Valley** folgt: Schlangenfarmen, das *Maesa Elephant Camp* (www.maesaelephantcamp.com, 7–14.30, Shows tgl. 8, 9.40, 13.30 Uhr) und Wasserfälle sind geboten, aber auch individuelle Mahout-Kurse bei einfacher Unterkunft – als Alternative zum recht überlaufenen TECC in Lampang, [s. S. 123]. Ein Abstecher führt zum **Doi Suthep Pui National Park** (www.dnp.go.th/parkreserve) mit dem zehnstufigen *Mae Sa Waterfall*. Ein Ausblick auf dessen oberen Katarakt ergibt sich auch ohne langen Fußmarsch vom Restaurant des *Pong Yang Garden Resort* (km 14, s. u.). Wer übrigens nachts auf die Pirsch nach nachtaktiven Raubtieren gehen möchte, kann dies in einem Wildpark am Rande des Nationalparks bei der **Chiang Mai Night Safari** (Tel. 053/99 90 50, www.chiangmainight safari.com) tun. Hier tummeln sich 1500 Tiere, darunter Giraffen, Zebras und ein Flusspferd, Leoparden, Tiger und Löwen.

Im weiteren Streckenverlauf schlängelt sich die Route in weitem Bogen um den *Doi Pui* (1690 m) und den *Doi Suthep* (1668 m). Mit dem Mietwagen kann man z.B. den *Mae Rim Loop* (kleine Rundfahrt) wagen und erreicht nach einer wirklich berauschenden Berg- und Talfahrt dann am Abend wieder Chiang Mai.

Elegant und farbenprächtig sind die Papierschirme aus der Region Chiang Mai

Praktische Hinweise

Information

TAT, 105/1 Lamphun Road, Chiang Mai, Tel. 053/24 86 04, tatchmai@tat.or.th

Einkaufen

Hilltribe Products Promotion Centre, 21/17 Suthep Road (im Westen, nahe Suan Dok), Chiang Mai, Tel. 053/27 77 43. Vom königlichen Förderprogramm initiierter Souvenirladen mit Kunsthandwerk und handgemachten Accessoires der Bergstämme (tgl. 9–17 Uhr).

Eine Massage auf dem Nachtmarkt von Chiang Mai macht müde Füße im Nu wieder munter

Erlebnistouren

Elephant Special Tours, 47/3 Moo 5, Mae Sapok, T. Mae Win, A. Mae Wang, Chiang Mai, Mobil-Tel. +66/86 193 03 77, in Deutschland: Tel. 02 28/433 95 15, www.elephant-tours.com. Der deutsche Tierpfleger Bodo Förster hat ein Gästehaus, gibt Mahout-Kurse und bietet einen einwöchigen Elefanten-Treck an.

Recreational Bangkok Biking, Moo Baan Nai Fun 1, Soi 2 No. 135/48, Moo 3, Thambon Padad, Chiang Mai, Tel. 053/28 20 55, www.bangkokbiking.com. André Breuer bietet in und um Chiang Mai *Halbtagestouren per Rad* (engl.) zu Tempeln und Hilfsprojekten an.

Hotels

TOP TIPP **Four Seasons Resort Chiang Mai,** Mae Rim, Samoeng Old Road, Chiang Mai, Tel. 053/29 81 81, in Deutschland Tel. 008 00/64 88 64 88, www.fourseasons.com/chiangmai. Ein Traum inmitten von Reisterrassen im Mae Rim Valley. Pavillons im traditionellen Lanna-Thai-Stil, viel edles Teak.

Lanna Mantra, 146 Pa Ton Road, Chiang Mai, Tel. 053/11 03 45, www.lannamantra.com. Ein Juwel am Ping Fluss: ruhige Balkonzimmer mit allem Komfort und Mini-Pool.

Linda Guesthouse, 454/67 Soi Banditpatana, Chiang Mai, Tel. 053/24 69 15, www.lindaguesthouse.com. In ruhigem Wohnviertel nahe dem Bahnhof. Einfache, preiswerte Zimmer mit Ventilator.

The Park Hotel, 444 Changklan Road, Chiang Mai, Tel. 053/27 02 40, www.empresshotels.com. Nah am Flughafen: modern, komfortabel, ruhiger Dach-Pool.

Tamarind Village, 50/1 Ratchdamnoen Road, Chiang Mai, Tel. 053/41 88 98, www.tamarindvillage.com. Luxusherberge mit Lanna-Häuschen (dünne Wände) in einem kleinen Garten in der Altstadt.

Yaang Come Village, 90/3 Sridonchai Road, Chiang Mai, Tel. 053/23 72 22, www.yaangcome.com. Zentrale grüne Oase: Balkonzimmer auf zwei Etagen um einen Pool in der Neustadt, familiär, ruhig.

Restaurants

The Gallery, 25-29 Charoen Rat Road, Chiang Mai, Tel. 053/24 86 01, www.thegallery-restaurant.com. Schattige Veranda am Ping-Ufer: Steaks, Fondue, Pasta, sogar Deutsches, ferner gibt es einen Antiquitätenladen mit Edlem.

Jung und Alt haben ihren nassen Spaß beim Songkran-Fest in Chiang Mai

Wasserschlacht zu Neujahr

Wer wasserscheu ist, sollte das Königreich Thailand besser zum traditionellen Neujahrsfest Mitte April meiden – er könnte nämlich nass werden. **Songkran** ist der Tag des Großreinemachens. Das gilt für die gute Stube daheim, aber mehr noch für die Buddha-Statuen und Tempel im Land. In Bangkok versammeln sich Tausende auf dem Sanam Luang und übergießen die bedeutende Phra Sing Buddha-Statue mit Wasser. Dadurch erhoffen sich die Gläubigen den Segen für das kommende Jahr.

War es früher Tradition, dass ältere Thai ehrfurchtsvoll mit parfümiertem Nass besprüht wurden, so hat sich daraus mittlerweile eine regelrechte öffentliche **Wasserschlacht** entwickelt. Vor allem in Chiang Mai bleibt keiner trocken, kübelweise wird Wasser aus dem Fluss Ping geschöpft: Mit Vorliebe nehmen die Thailänder dabei Touristen mit Spritzpistolen und ›Wasserbomben‹ ins Visier.

Huan Phen, 112 Ratchamanka Road, Chiang Mai, Tel. 053/27 71 03. Exzellente nordthailändische Küche in der Altstadt, serviert auch an Tischen im Garten (tgl. 8.30–15 und 17–22 Uhr).

Rim Ping Riverside, 9/11 Charoen Rat Road, Chiang Mai, Tel. 053/24 32 39. Lokal am Fluss, Thai- und internationale Küche. Livemusik, Rivercruises ab 20 Uhr.

The Whole Earth, 88 Sidonchai Road, Chiang Mai, Tel. 053/28 24 63. Vegetarische und nicht-vegetarische Speisen (nicht Bio), mit Stil serviert. Alte Villa mit Garten und Veranda.,Thai-Musik (tgl. 11–22 Uhr).

37 Doi Inthanon National Park

Wasserfälle, Bergdörfer und Tropfsteinhöhlen am höchsten Berg (2565 m) Thailands.

Willkommen im Doi Inthanon National Park (www.dnp.go.th/parkreserve), auf dem ›Dach Thailands‹, 100 km südwestlich von Chiang Mai. Auf der kurvenreichen, etwa 40 km langen Fahrt hinauf passiert man einige Attraktionen und genießt herrliche Ausblicke. Der Gipfel des *Doi Inthanon* ist meist in Wolken gehüllt und oben herrscht eisige Kälte. Nebelschwaden verschlucken oft auch den **Stupa** mit der Asche des 1897 verstorbenen Königs Inthawichayanon. Im Naturschutzgebiet gibt es zahlreiche Wasserfälle – wie den pittoresken **Mae Klang Waterfall** und den mächtigen **Vachiratharn Waterfall**, ferner Kalksteinhöhlen, allerlei verschlungene Wanderwege und Tempelpagoden.

Entlang malerischer Reisterrassen und roter Rhododendronhaine gelangt man zu zwei königlichen Vorzeigeprojekten, mit der die Regierungsbehörden versuchen, der Brandrodung und dem Opiumhandel Einhalt zu gebieten: In **Ban Khun Klang** (bei km 31 rechts, ca. 1 km abseits der Hauptstraße) etwa bauen die Meo Gemüse und Obst in Gewächshäusern an. An Marktständen entlang der Straße preisen Frauen in Volkstracht ihre Chrysanthemen und Silberwaren an. Erdbeeren, Kaffee, Nüsse und Kohl werden auf den umliegenden Märkten verkauft. Der Erlös soll die Meo vom Opiumanbau abbringen. Doch der Schlafmohn war neben dem Reis von jeher die Haupteinnahmequelle der Bergvölker. Der süßliche Opiumgeruch gehört zum Alltag, der Rausch vertreibt Schmerzen, Hunger und böse Geister – und der Rauch beruhigt das schreiende Baby. Nicht zu vergessen: Der Saft, aus dem Heroin gebraut wird, bringt mehr Geld ein als der Handel mit Kaffee. Das Geschäft in Ban Khun Klang – womit auch immer – scheint jedenfalls zu florieren und einen gewissen Wohlstand in den Ort gebracht zu haben.

i Praktische Hinweise

Information

Im *Visitor Center* etwa 500 m hinter dem Parkeingang (Checkpoint, Highway 1009), nahe dem Mae Klang Waterfall, erhält man Informationen über die Flora und Fauna der thailändischen Nationalparks sowie über die Bergvölker im Doi Inthanon National Park.

38 Mae Hong Son

Pai – Soppong – Mae Sariang – Ob Luang National Park

In den Ausläufern des Himalaya müssen tausend Kurven bezwungen werden.

Eine etwa 600 km lange Rundfahrt führt auf steilsten Straßen in eine atemberaubende Bergwelt, vorbei an goldgelben Reisfeldern und durch tiefe Schluchten und Täler, aus denen sich kerzengerade Dschungelriesen emporrecken. Die Route von Chiang Mai über Mae Hong Son, der **Mae Hong Son Loop**, und südwärts zurück nach Chiang Mai ist atemberaubend. Man kommt zwar auch schneller nach Mae Hong Son (40 Min. per Flugzeug), aber wäre dann um zahllose Eindrücke und Erlebnisse ärmer. Je höher die Straße sich schraubt, desto mehr Meo, Lisu oder Lahu laufen im Gänsemarsch am Wegesrand, bekleidet mit

TOP TIPP

Feine kühle Gischt versprüht der Mae Klang Waterfall im Doi Inthanon National Park

roten Pudelmützen, Pluderhosen, farbenfrohen Umhängetaschen. Die Frauen haben Leibtücher angelegt, aus denen die Kleinsten ihre Köpfe strecken, man sieht Männer mit geschulterten Gewehren.

Auf kurvigen Straßen erreicht man **Pai**, einen heute trubeligen Ort, vor allem wenn sich am Wochenende Gäste aus Bangkok, Chiang Mai und sogar aus Japan durch die Gassen schieben Quartiere sind meist ausgebucht, die Tourist Information nahe der Hauptstraße weiß womöglich Rat. So locken denn Ziele außerhalb: Im Osten z.B. der kleine *Wat Phra That Mae Yen* auf einem Hügel mit schöner Aussicht. Ausflüge in die Umgebung führen etwa zum 8 km nordöstlich gelegenen *Mo Paeng Waterfall*, im Westen zu Dörfern der Lahu, Lisu und Shan und 9 km südlich zu heißen Quellen, den *Pong Ron Hot Springs*. Hier kann es übrigens während der Regenzeit zu Überschwemmungen kommen.

Die Slalomfahrt in das noch winzigere **Soppong** (Pangmapha) verläuft nur Zentimeter vom Abgrund durch eine wolkenverhangenen Landschaft – die Hügel und Bergspitzen gucken wie grüne Inseln aus dem Nebelmeer hervor (Aussichtspunkt bei km 18). Das Glanzlicht bei Soppong ist die **Tham Lot Cave** (tgl. 9–18 Uhr), eine gigantische Höhle mit Tropfsteinen, jahrtausendealten Särgen aus Baumstämmen in hochliegenden Kammern, Mauersegler- und Fledermausschwärmen – und Touristenmassen. Gute Führungen (etwa 2 Std.) erschließen die gesamte Höhle per Floß oder durch den unterirdischen Fluss watend.

TOP TIPP

Schroffe Kalksteingebirge bilden die Kulisse auf der Achterbahnfahrt über mehrere Pässe nach **Mae Hong Son**, dem schönsten Teil der Traumroute. Die ›Stadt des ganzjährigen Nebels‹ macht morgens ihrem Namen alle Ehre. Erst später tauchen die Umrisse von Palmen aus dem grauen Schleier auf. Dann spiegeln sich die beiden birmanisch inspirierten **Wat Chong Klang** und **Wat Chong Kam** von 1827 malerisch im Jongkam Lake: Von den Birmanen stammen die quadratisch-gestaffelten Tempeldächer aus Holz mit den reich verzierten silbernen Spitzen; daneben die spitz zulaufenden und geringelten Chedis in Gold, von Tempelschirmen gekrönt. In einem Raum des

Buddhistische Zuckerbäckerarchitektur mitten im Urwald: Wat Chong Klang und Wat Chong Kam in Mae Hong Son

Wat Chong Klang stehen mehr als 30 alte birmanische Holzfiguren, die Buddhas frühere Existenzen darstellen. Beim alljährlichen *Poi Sang Long Festival* im März oder April werden kahl geschorene Jungen der Shan, einer birmanischen Minderheit, in einer farbenprächtigen Prozession zur Ordination in den Wat Chong Kam geführt.

Asphaltstraße und Flughafen haben den sympathischen Ort vor Jahren aus seinem Dornröschenschlaf geweckt. Auf dem lebhaften *Markt* bieten Angehörige der Bergstämme ihre Waren feil, eine gute Gelegenheit, die Völkervielfalt dieser nördlichen Provinz zu studieren. Eine kleine Serpentinenstraße führt zum **Wat Doi Kong Mu** (19. Jh.) auf einem Hügel westlich der Stadt. Die steile Anfahrt lohnt sich wegen der hübschen Chedis im birmanischen Stil und der grandiosen Aussicht über den Ort und das Tal des Pai River. Auch die beiden Klöster am Fuße des Hügels sind sehenswert.

Der **Pha Sua Waterfall** nördlich der Stadt rauscht in August und September am mächtigsten: In sieben breiten Kaskaden schießt es nassforsch in die Tiefe.

Südwärts: Mae Sariang und Ob Luang National Park

Ende November ist die Landschaft von Sonnenblumen und Weihnachtssternen übersät. Auf dem Weg ins 169 km südlich gelegene **Mae Sariang** sieht man in der Ferne die gezackten Bergketten Myanmars. In dem Städtchen selbst erwarten den Besucher ein paar bildschöne birmanische Holztempel, viel Grün und fantastische Sonnenuntergänge über dem Sariang Fluss. Einen guten Rundblick hat man von dem Hügel, auf dem der pittoreske *Wat Phra That Chommon* thront.

Auf dem Rückweg nach Chiang Mai lohnt sich kurz vor Hot ein Stopp im **Ob Luang National Park** (www.dnp.go.th/parkreserve), wo der Chaem Fluss eine 40 m hohe Felsbarriere durchbricht. Die 300 m lange Schlucht, auch bekannt als ›Grand Canyon von Thailand‹, ist ein beliebtes Ausflugsziel. Im *Visitor Center* des Nationalparks informieren englischsprachige Tafeln über die Prähistorie der Region, die schon vor etwa 28 000 Jahren besiedelt war, wie Ausgrabungsfunde und Höhlenmalereien belegen.

Praktische Hinweise

Information

TAT, Khunlumpraphas Road, Mae Hong Son, Tel. 053/61 29 82, tatmhs@tat.or.th

Flughafen

Airport Pai, Tel. 053/69 99 55, www.kanairlines.com

Hotels

Kao Mai Lanna Resort, km 29 auf der Straße Hod-Chiang Mai (ca. 20 km westlich von Chiang Mai), San Patong, Tel. 053/83 44 70, www.kaomailanna.com. Schöner Wohnen in einer früheren Tabakplantage mit 18 efeubegrünten Silos und rustikal-charmanten Zimmern. Großer Pool, Spa sowie Yoga-Unterricht, Töpfer- und Malkurse.

Little Eden Guesthouse, 295 Moo, Soppong, Pangmapha, Tel. 053/61 70 54, www.littleeden-guesthouse.com. Neun Teakholz-Hütten im Garten, komfortable Zimmer in Lotus und Riverview House. Restaurant; auch Trekkingtouren.

Muang Pai Resort, 94 Moo 4, Paeng Village, Mae Natoeng, 6 km von Pai, Tel. 053/27 09 06, www.muangpairesort.com. 20 große Bungalows im Grünen mit Pool vor schöner Bergkulisse.

Pairadise, 98 Moo 1, Mae Hee, Ban Mae Yen, Pai, Mobil-Tel. +66/894 31 3511, www.pairadise.com.Von einer Deutschen und ihrem thailändischen Mann geführte Bungalow-Anlage um einen Badesee, viele Stammgäste, eigene Bäckerei.

The Quarter, 245 Moo 1 Chaisongkran Road, Pai, Tel. 053/69 94 23, www.thequarterhotel.com. Ruhiges Boutique-Hotel mit 36 styligen Zimmern, teils Open-Air-Bäder, WiFi, große Terrasse/Balkon, Spa und Pool. Nur Open-Air-Lokal.

Restaurants

Baan Benjarong, 179 Moo 8, Wiangtai, Rangsiyanon Road (nahe Ortsausgang Pai, Richtung Chiang Mai, 1095), Tel. 053/69 80 10. Beste Thai-Küche (leider sehr unregelmäßige Öffnungszeiten).

Phu Pai Bar & Art Café, 22 Moo 4, Rangsiyanon Road (nahe der Polizei-Station), Pai, Mobil-Tel. +66/842 09 81 69, 19–0 Uhr. tgl. Live-Bands, oft Thai-Folkrock.

Thip Restaurant, am Westufer des Jongkam Lake, Mae Hong Son, Tel. 053/62 05 53. Nettes Thai-Restaurant, abends trad. Livemusik (tgl. 10–24 Uhr).

39 Thaton

Auf den Fluten des Menam Kok zum Goldenen Dreieck.

Von Chiang Mai aus geht es dem Golden Triangle auf vielen Serpentinen und Höhenpässen entgegen. Die Straße 107 führt durch dichten Monsunwald, dessen Bäume aussehen, als trügen sie Umhänge aus grünem Samt mit Lianenkordeln. Hier erhebt sich der 2175 m hohe **Doi Chiang Dao**. Am Wegrand liegen Dörfer der Lahu und Akha, königliche Landwirtschaftsprojekte und einige Höhlen, etwa die sehenswerte *Tham Tubtao Cave* mit einem liegenden Buddha oder das 10 km lange Höhlensystem *Chiang Dao Caves*.

Ein Abstecher auf Schotterstraßen in die Berge sollte nie ohne einen Führer gemacht werden. An der myanmarischen Grenze sind nächtliche Schusswechsel keine Seltenheit, manch grenznaher Ort wird erst nach Einbruch der Dunkelheit richtig lebendig. Statt Opium werden

Oben: *Blumengerahmt lädt der Menam Kok bei Thaton zu einer Flussfahrt ein*
Rechts: *Ein vergoldeter stehender Buddha wacht auf einsamer Bergeshöhe über Thaton*

heute Teakholz, menschliche Arbeitskräfte und Prostituierte über die grüne Grenze geschmuggelt.

In **Thaton** wacht Buddha über seine Anhänger: auf dem Berggipfel in vergoldeter Ausfertigung, am Hang seelenruhig meditierend als weiße Riesenstatue. Vom Wat zu seinen Füßen genießt man eine hinreißende Aussicht auf die Landschaft. Wer Abenteuer im Norden Thailands sucht, sollte den verschlafenen Mini-Ort nicht links liegen lassen: Die *Boots-* oder *Floßtour* auf dem **Menam Kok** bis nach Chiang Rai ist heute ein wahres Urlaubsvergnügen. Früher war es ein riskantes Unterfangen, wegen der Gefahr von Banditenüberfällen wurden die Ausflugsboote stets von Soldaten begleitet. Ein Erlebnis ist diese Reise zu Füßen schroffer Berge über Stromschnellen hinweg allemal. 4–5 Std. dauert die Fahrt mit dem täglich um 12.30 Uhr verkehrenden Schnellboot bis Chiang Rai, ein Floß benötigt dafür bis zu drei Tage. Auch ein Boot zu chartern ist möglich.

TOP TIPP

i Praktische Hinweise

Hotels

Mae Kok River Village Resort, an der Hauptstraße (1089), etwa 1 km hinter dem Ort Thaton, Tel. 053/45 93 28, www.maekok-river-village-resort.com. Moderner Hotelkomplex am Fluss. Die 36 schicken Zimmer haben Balkone oder Gartenzugang. Restaurant und Pool.

Marisa Boutique Resort & Spa, 304 Moo 4, Muang Ngai (an der Straße 107, ca. 7 km nördlich von Chiang Dao), Tel. 053/37 55 17, www.marisaresort.com. Thai-Häuschen und traditionelle, liebevoll eingerichtete Villen mit viel Platz für Familien, mitten im Grünen mit Pool, Sauna und Spa. Zelten am Fluss möglich.

40 Mae Sai und Sob Ruak

Goldenes Dreieck

Das Goldene Dreieck lebt von seinem Mythos – und von den Touristen.

In der nördlichsten Stadt Thailands, **Mae Sai**, herrscht Gründerzeitstimmung: Der Warenverkehr soll eines Tages auf vielspurigen Superhighways und per Bahn von Thailand durch Myanmar bis China

Blick von Thailand aus über den Grenzfluss Mekong, rechts liegt Laos, links Myanmar

fließen. Schon jetzt wird die Atmosphäre geprägt durch ein vielstimmiges thailändisch-chinesisch-birmanisches Sprachgewirr. Vom Hügel des *Wat Phra That Doi Wao* in Thailand kann man die Aussicht über den Grenzfluss ins Nachbarland genießen. Thailänder strömen in Scharen zum Einkaufen nach Tachilek in Myanmar, Tagelöhner in Wickelröcken begegnen ihnen auf der Brücke in entgegengesetzter Richtung. Die *Grenze* ist je nach politischer Situation geöffnet (6.30–18.30 Uhr) oder geschlossen (aktuelle Infos einholen, Tagesvisum erhältlich).

Auf der weiteren Strecke nach Südosten öffnet sich das weite Tal, wo der Mae Sai (Ruak) in den mächtigen **Mekong** mündet. Dieser 4500 km lange Fluss grenzt hier Myanmar und Thailand gegen Laos ab. Wilde Geschichten über Banditen, Rebellen und Opiumhändler ranken sich um die Region. Aus dem rund 130 000 km^2 umfassenden **Dreiländereck** stammt etwa die Hälfte des Rohopiums auf dem Weltmarkt, hinzu kommen Amphetamin-Pillen und Designerdrogen. Das Narcotics Control Board (NCB) beobachtet die Opium-Produktion in Thailand, Laos und Burm. Allein im burmesischen Shan-Staat werden im Jahr schätzungsweise über 3000 Tonnen Rohopium produziert.

In **Sob Ruak** am Ufer des Mekong bieten sich, von Souvenirbuden umringt, TOP TIPP mehrere Tore für das obligatorische Foto mit dem **Golden Triangle** im Rücken an. Der Hügel des *Wat Phra That Phukhao* ist ebenso geeignet. Den Schlafmohn gibt es hinter Glas im *Opium*

In Sob Ruak kann man ein nicht alltägliches ›Goldenes-Dreieck-Erinnerungsfoto‹ schießen

House Museum oder als Postkartenmotiv. Das mystifizierte Goldene Dreieck entpuppt sich als Kommerz-Bermudadreieck. Weiter südlich, in **Chiang Saen**, präsentiert die *Hall of Opium* (Tel. 053/784 44 46, www.goldentrianglepark.org, Di–So 10–17, letzter Einlass 15.30 Uhr) eine fantasievolle Ausstellung zur 5000-jährigen Geschichte des Opiums. Kurios ist auch das Elefanten-Poloturnier *King's Cup* [s. S. 106], das hier im März stattfindet.

i Praktische Hinweise

Hotels

Anantara Resort & Spa Golden Triangle, 299 Moo 1, Chiang Saen, Tel. 053/78 40 84, www.anantara.com. Gediegener Hotelkomplex mit hübschen Lanna-Häuschen in grüner Landschaft. Fitness Center und Mountainbike-Touren.

Piyaporn Place, 77/1 Mu 1, Phaholyotin Road, Mae Sai, Tel. 053/73 45 11, www.piyaporn-place.com.
Das beste Haus am Ort verfügt über gemütliche Zimmer und ein Restaurant.

41 Chiang Rai
Khun Kon Wasserfall

Ausgangspunkt vieler Trekkingtouren zu den Bergstämmen.

Chiang Rai wurde 1262 von König Mengrai als erste Hauptstadt des Lanna-Thai-Reichs gegründet. Heute gibt es außer dem *Night Market* nicht viel zu sehen. Hier starten Trekkingtouren per Raftingfloß, Jeep oder Elefant zu den Bergdörfern der Akha, Lahu, Lisu und Meo.

In der Umgebung gibt es allerlei pittoreske Dörfer mit Teakholzhäusern auf Pfählen – rot, weiß und türkis gestrichen. Am Straßenrand bieten Frauen Chinakohl, Bohnen, Papayas, Ananas, Lychees, Mangosteen und winzige orangefarbene Bananen zum Kauf an. Gladiolen, Weihnachtssterne und Bananenstauden gedeihen hinter den bunten Gartenzäunen. Doch die Idylle trügt: In nicht wenigen Dörfern des Nordens verkaufen nach wie vor verarmte Eltern ihre Kinder an Menschenhändler. Die Mädchen und Jungen landen meist in Provinzbordellen oder den glitzernden Gogo-Bars in Bangkok.

Ausflüge

13 km südlich von Chiang Rai (vom Superhighway No. 1 auf die 1208 rechts abbiegen) liegt **Ban Rong Khun**. Der 1997 erbaute *White Temple*, Magnet für Hunderschaften von Reisebussen, ist als Kunstprojekt eine Art *asiatisches Neuschwanstein*, überladen mit Türmchen, Glas und Furcht erregenden Figuren.

Ein Abstecher zum **Khun Kon Waterfall** (Khoon Gorn) ca. 30 km südwestlich von Chiang Rai bringt den *Dschungel* nahe: Über Bambusbrücken und -treppen geht es unter dem Blätterdach von Dipterocarpus und Bananenstauden am Fluss entlang. Nach 30 Min. erreicht man den etwa 50 m hohen Wasserfall.

i Praktische Hinweise

Information

TAT, 448/16 Singhakhlai Road, Chiang Rai, Tel. 053/717433, tatchrai@tat.or.th

Hilltribe Museum & Handicrafts, 620/1 Tanalai Road, Chiang Rai, Tel. 053/719167, www.hilltribe.org, Mo–Fr 9–18, Sa/So 10–18 Uhr. Video (mit deutschem Kommentar) über die Bergvölker, ihre Sitten, Dorfstrukturen usw. Ausstellung, Kunsthandwerk und Trekkingtouren.

Restaurant

Cabbage and Condoms Restaurant, Tanalai Road, Chiang Rai (neben dem Hilltribe Museum), Tel. 053/952312. Das Lokal bietet gute nordthailändische Speisen (tgl. 11–24 Uhr). Auch Zimmer.

Hotels

Dusit Island Resort, 1129 Kraisorasit Road, Vieng District, Chiang Rai, Tel. 053/607999, www.dusit.com. Hotelkomplex auf einer Insel im Kok Fluss. Herrlicher Blick aus eleganten Zimmern, aber viele Mücken und laute Fischerboote.

Rai Saeng Arun, 2 Moo 3 Baan Pakhub, T. Rimkong, zwischen Chiang Saen und Chiang Khong, Tel. 053/918255, Mobil-Tel. +66 819004300, www.raisaengarun.com. Eine Traum-Herberge am Mekong, einsam thronen drei komfortablen Bungalows mit Veranda über dem Fluss, acht Hütten stehen am Berghang mit Blick nach Laos. Es gibt ein Restaurant im Freien, und die Bäder sind gleichfalls draußen, im Winter ist das etwas kalt.

Die Bergstämme – von Opium und Tourismus

Noch mehr als eine halbe Million Angehörige der **Bergstämme** leben in Thailand, darunter Karen, Meo (Hmong), Lahu, Lisu und Akha. Sie kamen einst als Nomaden aus den heutigen Staaten Myanmar, Laos und China. Heute sind sie längst ins Räderwerk des **Tourismus** eingespannt. Das Programm, das angeboten wird, reicht von umweltverträglichem Trekking durch die Bergwälder bis hin zur totalen Vermarktung der Stammeskultur. Und für die Bewohner fällt nur wenig dabei ab.

Einst verdankten die Leute hier ihr Auskommen dem Opium. Doch dessen Anbau wurde schon in den 1960er-Jahren mit königlichen **Entwicklungsprojekten** bekämpft [s. S. 116], sodass die Produktion heute nur noch rund 20 % des ursprünglichen Volumens erreicht. Und trotzdem blühen zum Jahreswechsel weiterhin die weißen und roten Schlafmohnfelder, immer gut getarnt – Opium für den Eigenbedarf, sagen die Akha-Bauern.

Als Ersatz war von Regierungsseite der Anbau von Kaffee, Erdbeeren und Chrysanthemen geplant, doch die Erlöse bleiben gering. Es fehlten Transportmittel für die alternativen *Cash crops*, und die Ware zu den Märkten zu bringen dauerte so lange, dass sie dort verfault ankam. Die Armut ist weiterhin ein stetiger Begleiter. Zugleich weckt die Berührung mit Tourismus und modernem Lebensstil viele Begehrlichkeiten, die mit den mageren Einkünften nicht befriedigt werden können. Und so geschieht es immer noch, dass Eltern ihre Kinder an zwielichtige Agenten verkaufen. Wo das endet, ist längst kein Geheimnis mehr: meist in den Gogo-Bars von Bangkok.

Worauf Reisende verzichten sollten, ist der Besuch in einem der ›Menschenzoos‹, wo Langhalsfrauen der Padaung zur Schau gestellt werden. Deren Hälse sind mit bis zu 20 Messingringen in die Länge gestreckt, eine Tradition, die unausweichlich zu Verkrüppelung führt. An der Vermarktung der jungen Frauen, die häufig aus Flüchtlingslagern entführt werden, verdienen einzig und allein skrupellose Geschäftsleute.

42 Lampang

Attraktionen im Schatten von Pagoden und tonnenschwere Schüler.

Die kleine Stadt am Wang Fluss war im 7. Jh. Sitz eines Königsreiches der Mon. Später eroberten die Khmer und danach die Birmanen den Ort. Hier wurde im birmanisch geprägten *Wat Phra Kaeo Don Tao* am Ufer des Wang vor 500 Jahren der berühmte Smaragd-Buddha aufbewahrt, bevor er seine Odyssee durch Thailand und Laos begann und schließlich in den Wat Phra Kaeo [s. S. 19] nach Bangkok kam. Heute ist Lampangs royaler Glanz weitgehend verblichen.

Der gut besuchte **Wat Phra That Lampang Luang** beim Dorf Ko Kha 20 km südlich ist ein eindrucksvolles Beispiel birmanischer Tempelbaukunst und soll angeblich 1300 Jahre alt sein. Hinter einer massiven Umfassungsmauer verbergen sich hier Klostergebäude und Tempel mit herrlichen Holzschnitzereien an Dachfirsten, Giebeln und Eingangstoren. Die meisten Bauten wurden im 15. Jh. errichtet, die etwas verblichenen Wandmalereien in den Kapellen stammen aus dem 19. Jh. Die 45 m hohe Pagode soll ein Haar Buddhas beherbergen. Im *Museum* des Klosters hat ein hoch verehrter Smaragd-Buddha (vermutlich 16. Jh.) aus Jade hinter einem Gitter seinen Platz gefunden. Am Neujahrstag im April wird die Figur in einer farbenfrohen Prozession durch die Straßen getragen.

Das **Thai Elephant Conservation Center** (Tel. 054/22 90 42, www.changthai.com, Shows Juni–Febr. Mo–Do, So 10, 11, Fr/Sa/Fei 10, 11, 13.30 Uhr) und das *National Elephant Training Center* liegen etwa 30 km nordwestlich von Lampang beim Dorf *Thung Kwian*. Zwischen 40 und 100 Elefanten trainieren hier in wunderschöner Flusslandschaft. Im Alter von fünf Jahren beginnen sie ihre Ausbildung, mit zehn Jahren machen sie die ›Abschlussprüfung‹. Morgens wird mit dem Mahout gebadet, danach geht es zum Arbeitsunterricht: Baumstämme schleppen, schubsen und stapeln, mit wedelnden Ohren und rasselnden Ketten. Anschließend demonstrieren die Dickhäuter ein paar Kunststücke, und die Besucher dürfen sie mit Zuckerrohr füttern und auf ihren Rücken durchs Gelände reiten. Die Elefanten können übrigens auch adoptiert werden, oder man macht selbst einen Mahout-Kurs.

Gut beschirmt überqueren Novizen den Hof des Wat Phra That Lampang Luang

i Praktische Hinweise

Hotel

Wiengthong Hotel, 138/109 Phaholyotin Road, Lampang, Tel. 054/225 81. Schlicht-modernes Mittelklassehotel mit Pool.

Alles Glück dieser Erde liegt für die Mahouts bei Lampang auf dem Rücken ihrer Elefanten

NTIANG
3

GIRLS
NEW ORLEANS
IMPERIAL
JEWELRY
Cheers
Kitten

Thailand aktuell A bis Z

Vor Reiseantritt

ADAC Info Service:
Tel. 0180 5 10 11 12, (0,14 €/Min. aus dem deutschen Festnetz; max. 0,42 €/Min. aus deutschen Mobilfunknetzen)

ADAC im Internet:
www.adac.de
www.adac.de/reisefuehrer

Thailand im Internet:
www.tourismthailand.org
www.thailandtourismus.de
www.tatnews.org

Auswärtiges Amt, Bürgerservice, Arbeitseinheit 040, 11013 Berlin, Tel. 030/18 17 20 00 (rund um die Uhr), www.auswaertiges-amt.de. Länderinformationen, Sicherheitshinweise etc.

Tourism Authority of Thailand (TAT),
Thailändisches Toursimusbüro

Deutschland
Bethmannstr. 58,
60311 Frankfurt/Main,
Tel. 069/138 13 90,
www.thailandtourismus.de

Österreich
Heumühlgasse 3,
1040 Wien,
Tel. 01/585 24 20,
www.tourismusthailand.at

Schweiz
Zähringerstr. 16, 3012 Bern,
Tel. 031 300 30 88,
www.tourismthailand.ch

Allgemeine Informationen

Reisedokumente

Infos: www.thaiembassy.de

Für die Einreise sind ein mindestens noch sechs Monate gültiger Reisepass sowie ein Weiter- bzw. Rückflugticket erforderlich, Kinder brauchen einen eigenen EU- oder Reisepass. Bei einem Aufenthalt von bis zu 30 Tagen wird kein Visum benötigt (für die Einreise auf dem Landweg nur bis 15 Tage). Für Aufenthalte bis zu 60 Tagen benötigt man ein kostenpflichtiges Tourist Visa (30 € bei einmaliger, 60 € bei zweimaliger Einreise in diesem Zeitraum), das vor der Reise beantragt werden muss (bei Botschaft bzw. Konsulat, mit Passfoto und gegen Vorlage des Rückflugtickets. Alleinreisende Minderjährige müssen eine Zustimmungserklärung (englischsprachig) des Sorgeberechtigten mit sich führen.

Kfz-Papiere

Der Nationale und der Internationale Führerschein sind erforderlich.

Krankenversicherung

Der Abschluss einer Auslandsreisekranken- und Rückholversicherung mit uneingeschränkter Kostenübernahme wird dringend empfohlen.

Zollbestimmungen

Infos: www.customs.go.th

Bei der *Einreise* sind zollfrei: Gegenstände zum persönlichen Gebrauch bis zum Gesamtwert von 10 000 Baht (ca. 240 €)., 200 Zigaretten oder 250 g Zigarren bzw. Tabak, 1 Liter Wein oder Spirituosen. *Ausfuhr:* Elfenbein, Felle, Krokodil- oder Schlangenhäute etc. fallen unter das Washingtoner Artenschutzabkommen. Ihre Ausfuhr ist ebenso verboten wie die Einfuhr nach Deutschland, gleiches gilt für falsche Markenartikel. Bestimmte Antiquitäten, Gemälde, Buddha-Figuren usw. bedürfen zur Ausfuhr der Genehmigung durch das Fine Arts Department [s. S. 128]. *Devisen:* Bei der Einreise dürfen Baht unbegrenzt mitgeführt werden, bei der Ausreise darf man bis zu 50 000 Baht ohne Vorab-Genehmigung ausführen. Fremdwährungen im Wert von über 20 000 US-Dollar sind bei Ein- und Ausreise zu deklarieren.

Geld

Die Währung, der *Baht* (THB), teilt sich in 100 Satang. In vielen Hotels, Lokalen, Läden etc. werden die gängigen *Kreditkarten* akzeptiert, ebenso an Geldautomaten. Seit Einführung des V PAY-Systems funktionieren die neuen EC-Karten mit Mikrochip nicht mehr an thailändischen Geldautomaten, nur die alten Maestro-Karten werden noch akzeptiert. *Reiseschecks* in Euro oder US-Dollar sind sinnvoll, da für diese meist bessere Wechselkurse gelten als für Bargeld.

Tourismusämter im Land

In Thailand geben die Büros der Tourism Authority of Thailand (TAT) Auskunft. Die lokalen Adressen sind im Text beim jeweiligen Ort unter ›Praktische Hinweise‹ vermerkt. Die Zentrale befindet sich in Bangkok:

Tourism Authority of Thailand (TAT), 1600 New Phetchaburi Road, Makkasan, Ratchathevi, Bangkok, Tel. 02/250 55 00, www.tourismthailand.org

Tourist Assistance Center (TAC), Tel. 02/283 15 00 und 02/356 06 55

Notrufnummern

Polizei: Tel. 191 und 123

Tourist Police: Tel. 11 55 (landesweit)

Feuerwehr: Tel. 199

Notfall-Ambulanz Bangkok: Tel. 25 22 17 15

ADAC Notrufzentrale München: Tel. 00 149/89/22 22 22 (tgl. 24 Std.)

ADAC Ambulanzdienst München: Tel. 00 149/89/76 76 76 (tgl. 24 Std.)

ÖAMTC Schutzbrief-Nothilfe: Tel. 001 43/(0)1/251 20 00, www.oeamtc.at

TCS Zentrale Hilfsstelle: Tel. 001 41/(0)224 17 22 20, www.tcs.ch

Diplomatische Vertretungen

Deutschland

Königlich-Thailändische Botschaft, Lepsiusstr. 64–66, 12163 Berlin, Tel. 030/79 48 10, www.thaiembassy.de. Auskünfte zu Visa-Fragen unter Tel. 030/794 11 17 (Mo–Fr 15–17 Uhr). Visa sind auch erhältlich bei den Generalkonsulaten in Hamburg, Frankfurt, München, Stuttgart und Essen.

Österreich

Königlich-Thailändische Botschaft, Cottagegasse 48, 1180 Wien, Tel. 01/ 478 33 35, www.thaiembassy.org/vienna

Schweiz

Königlich-Thailändische Botschaft, Kirchstr. 56, 3097 Bern, Tel. 031 970 30 30, www.thaiembassy.org/bern

Thailand

Botschaft der Bundesrepublik Deutschland, 9 South Sathorn Road, Bangkok 10120, Tel. 02/287 90 00, (Mo–Fr 8.30–11.30 Uhr), Not-Hotline: 081/845 62 24, www.bangkok.diplo.de

Österreichische Botschaft, 14 Soi Nantha South Sathorn Road, Bangkok 10120, Tel. 02/303 60 46 (Mo–Fr 9–12 Uhr), Not-Holine: 081/9 036 516, www.aussenministerium.at/bangkok

Schweizer Botschaft, 35 North Wireless Road, Bangkok 10330, Tel. 02/674 69 00, (Mo–Fr 9–11.30 Uhr), Not-Hotline: 01/822 49 21, www.eda.admin.ch/bangkok

Besondere Verkehrsbestimmungen

In Thailand herrscht **Linksverkehr**. Die Promillegrenze beträgt 0,5. Innerorts gilt 60 km/h, außerorts auf Schnellstraßen 90 km/h, auf Autobahnen (z.T. mautpflichtig) 120 km/h. Auf dem Land haben Tiere und große Fahrzeuge Vorrang. Mofa- und Motorradfahrer (strenge Helmpflicht!) sollten stets defensiv fahren, notfalls ausweichen. Bei Unfällen wird oft dem ›reichen‹ Ausländer die Schuld zugewiesen.

Gesundheit

Aktuelle Auskünfte bieten die Reise- und Sicherheitshinweise des Auswärtigen Amtes (www.auswaertiges-amt.de) und das *Centrum für Reisemedizin* (www.crm.de).

Bezüglich notwendiger **Impfungen** sollte man frühzeitig im *Tropeninstitut* oder bei einem Reisemediziner nachfragen Impfungsschutz sollte vorhanden sein gegen: Tetanus, Polio, Diphtherie, Hepatitis A, bei längeren Aufenthalten auch Hepatitis B. *Malariarisiko* besteht im thailändisch-myanmarischen Grenzgebiet und auf einigen Inseln wie Ko Chang und Ko Samet. Mückenschutz wird auch wegen der Zunahme von *Dengue Fieber* im Land empfohlen, vor allem in der Regenzeit. Das Risiko einer *HIV/Aids*-Infektion bei ungeschütztem Geschlechtsverkehr ist in Thailand sehr hoch.

Um das Risiko einer *Darminfektion* zu mindern, sollte man auf keinen Fall Leitungswasser trinken sowie zerstoßenes Eis, Eiscreme, nicht schälbares Obst und rohes Gemüse meiden. *Sonnenschutzmittel* mit hohem Schutzfaktor nutzen.

Die *Apotheken* in Thailand sind gut ausgestattet, viele Arzneien sind rezeptfrei, aber man sollte auf eine Reiseapotheke nicht verzichten. Die medizinische Versorgung ist insbesondere in Bangkok und anderen Großstädten sehr gut. In den Kliniken arbeiten oft auch englisch- und/oder deutschsprachige Ärzte.

Sicherheit und spezielle Vorschriften

Aktuelle Auskünfte, auch Reise- und Sicherheitshinweise, gibt das Auswärtige Amt (www.auswaertiges-amt.de).

Urlauber müssen stets ihre Ausweise dabeihaben. Kopien der Reisepässe reichen aus, müssen aber die Seiten mit dem Einreisestempel bzw. Visum umfassen.

Personen unter 20 Jahren ist der Zutritt zu Bars, Discos etc. verboten. Für Jugendliche unter 18 Jahren gilt Alkoholverbot und eine Sperrstunde von 22 Uhr.

Für Thailand muss weiterhin von einer erhöhten Gefahr terroristischer Attentate ausgegangen werden. Von Reisen in die unter Notstandsrecht stehenden Provinzen Narathiwat, Yala und Pattani sowie in die grenznah zu Malysia liegende Provinz Songhkla wird aufgrund anhaltender Unruhen abgeraten. Wegen vereinzelter Auseinandersetzungen im Grenzgebiet zu Myanmar sollten Reisen an die Grenze nicht oder nur unter sachkundiger Führung und als Gruppenreise unternommen werden. Die Grenzregion zu Kambodscha ist militärisches Sperrgebiet und sollte gemieden werden, besonders der Anfang 2011 erneut umkämpfte Hindu-Tempel Preah Vihear.

Bei der Nutzung von Fähr- und Ausflugsbooten ist angesichts oftmals mangelhafter Sicherheits- und Rettungseinrichtungen Vorsicht angezeigt.

Die Kriminalitätsrate in Thailand ist hoch. Vor allem in den großen Urlaubszentren (Bangkok, Phuket, Ko Samui, Pattaya) sollte man sich vor Betrügereien, Diebstahl usw. in Acht nehmen. Auch Ausländer sind nicht selten Opfer von Gewalttätern. Besonders gewarnt sei vor Schleppern, die zu angeblich staatlichen Edelsteingeschäften oder anderen dubiosen ›Sonderangeboten‹ locken. Frauen sollten nachts nicht allein am Strand spazieren.

Am Suvarnabhumi Airport (Duty Free) und auf Phuket, besonders am Patong Beach, kam es in der Vergangenheit öfter zu Betrugs- und Erpressungsversuchen, in die auch korrupte Polizisten verwickelt waren. Wer hier wegen angeblicher Bagatelldelikte unter Druck gesetzt wird, seinen Reisepass abzugeben (was per se illegal ist), oder sogar in Untersuchungshaft gerät und eine Kaution zahlen soll, verständige die deutsche Botschaft [s. S. 126].

Schon der Besitz kleiner Rauschgiftmengen führt – auch für Touristen – zu hohen Freiheitsstrafen (bis zu lebenslänglich).

Stromspannung

220 Volt/50 Hz, ein Adapter für Flachstecker ist häufig notwendig.

Zeitunterschied

Die Zeitverschiebung gegenüber MEZ beträgt plus 5 Std. in der Sommerzeit und plus 6 Std. in der Winterzeit.

Anreise

Bahn

Eine luxuriöse Anreisemöglichkeit bietet der **Eastern & Oriental Express**, der von Singapur über Kuala Lumpur nach Bangkok fährt. Infos:

Venice Simplon-Orient-Express, Spiesergasse 12–16, Köln, Tel. 02 21/ 338 03 00, www.orient-express.com

Flugzeug

Informationen zu den wichtigsten Flughäfen Thailands bieten die *Praktischen Hinweise* im Haupttext. Von Deutschland aus fliegt z.B. **Thai Airways** (Tel. 069/ 92 87 44 44, www.thaiair.de) ab Frankfurt/ Main und München nach Bangkok, Ko Samui und Phuket. **Air Berlin** (Tel. 018 05/ 737 800, www.airberlin.com) fliegt nach Bangkok und Phuket. **Condor** (www.condor.com) fliegt nach Phuket. Die Flugdauer beträgt 10–15 Std. Die Flughafen-Ausreisesteuer (zzt. etwa 700 Baht) ist meist schon im Ticket integriert.

Bank, Post, Telefon

Banken

Öffnungszeiten: Mo–Fr 9–15.30 Uhr. Wechselstuben sind bis 21 Uhr geöffnet.

Post

Öffnungszeiten: Mo–Fr 8.30–16.30, Sa 8.30–12 Uhr. In Großstädten wie Bangkok und Chiang Mai gibt es durchgehend bzw. länger geöffnete Hauptpostämter mit speziellen Auslandsschaltern.

Telefon

Internationale Vorwahlen
Thailand 0066
Deutschland 00149
Österreich 00143
Schweiz 00141

Bei Mobiltelefonen schaltet der Provider automatisch auf ein thailändisches Netz um. Wer viel telefonieren möchte, sollte sich vorab über die Auslandstarife des eigenen Anbieters informieren. Günstiger sind Anrufe meist mit thailändischen SIM-Cards oder von Call Shops.

Einkaufen

Öffnungszeiten: in der Regel 9–21 Uhr

Einkaufen lässt sich am angenehmsten in den klimatisierten Shopping Centern von **Bangkok** [s.S.32]. Stimmungsvoller und aufregender ist das Einkaufserlebnis (man kann handeln!) aber auf den vielen **Märkten** des Landes. Berühmt sind Bangkoks Nachtmärkte und Schwimmende Märkte, vor allem der *Chatuchak Weekend Market* [s.S.30] im Norden der Metropole.

Bei Souvenirs stehen **Kunsthandwerk** wie Holzschnitzereien, Lackarbeiten und Niello (Silberarbeiten), Bronze und Silberwaren sowie Töpfereien an erster Stelle. Als Zentrum des Kunsthandwerks hat sich Chiang Mai mit seinen Seiden- und Papierschirmen entwickelt.

Thaiseide ist überall erhältlich, unzählige Schneidergeschäfte fertigen Anzüge und Kostüme nach Maß. Auch attraktive **Baumwollstoffe** gibt es vielerorts. Edle Mitbringsel sind **Schmuck** mit Edel- oder Halbedelsteinen sowie **Antiquitäten**. Doch hier ist Vorsicht vor Fälschungen geboten, solche Waren sollte man nur in Fachgeschäften kaufen und zudem eine Garantie verlangen. TAT empfiehlt z.B. den *Jewel Fest Club* (Tel. 02/ 6301390–7, www.jewelfest.com), ein Verbund von über 100 Juwelieren. Antiquitäten-Ausfuhr-Genehmigungen erteilt:

Fine Arts Dept.,
National Museum,
Thanon Na Phra That, Bangkok 10200,
Tel. 02/2242050, www.finearts.go.th

Essen und Trinken

Die thailändische Küche ist berühmt-berüchtigt wegen ihrer Schärfe. Besonders scharf werden die Speisen im Süden und Nordosten zubereitet, etwas milder im Norden. Die Chilis stammen übrigens aus Südamerika und gelangten wahrscheinlich erst mit den Portugiesen im 17. oder 18. Jh. nach Thailand.

Merkmale der Thai Cuisine

Das köstliche thailändische **Curry** (*Gaeng*) besteht aus Koriander, Knoblauch, Ingwer (Galanga), Kaffirblättern (eine Zitronenart), Pfeffer, Schalotten, süßem Basilikum und Garnelenpaste. Alles entscheidend ist die Anzahl und Farbe (!) der verwendeten Chilis und die Menge der Kokosmilch. Es gibt drei Arten von Gaeng: das grüne ›Killer‹-Curry (feurig), das rote (scharf) und das gelbe (mild).

Am wichtigsten jedoch ist der weiße **Reis** (*Khao*). Meist werden dazu mehrere Speisen gleichzeitig serviert, die einander ergänzen: süß-sauer, scharf-mild, gedünstet-gebraten und fett-mager. Das *Gemüse* ist kurz gedünstet und sehr knackig: Man nimmt Auberginen, Tomaten, Erbsen, Bohnen, Paprika, süße Kartoffeln, Zwiebeln, Bambus, Sojabohnen, Pilze, Kohl, Gurken usw. **Fleisch** (Hühnchen – *Gai*, Ente – *Ped*, Rindfleisch – *Nüa*, Schweinefleisch – *Mu*) wird mundgerecht zubereitet. Manche Speisen sind lauwarm, andere kalt, wie der Rindfleischsalat – das Höllenfeuer bleibt aber nicht aus. Thai würzen zusätzlich mit *Nam Pla Prik*, einer scharfen Fisch-Chili-Sauce, in kleinen Schalen oder Flaschen (*Nam Pla*) serviert.

Zu den bekanntesten ›Sprengstoffen‹ der thailändischen Küche gehören **Tom Yam Gung** oder **Tom Yam Gai**: klare und sauerscharfe Garnelen- oder Hühnersuppe mit Zitronengras, Limonenblättern und Ingwer. Diese Zutaten werden nicht gegessen, sorgen nur für das Aroma. Die grünen Chilis sollte man tunlichst nicht mit Bohnen verwechseln! **Tom Kha** sind sauerscharfe Suppen mit Kokosmilch. Sie dienen zum ›Klären‹ der Geschmacksnerven zwischen den Gerichten.

Nicht nur Zungenbrecher, auch Rachenputzer: **Gaeng Khiao Wahn Gai**, das cremige grüne und somit schärfste Curry, passt bestens zu Huhn. Milder und süßlich, aber ebenso delikat, dabei leicht indischen Charakters ist **Gaeng Massaman** mit Erdnüssen und Kardamon. Ebenso süßlich-aromatisch, aber doch trockener kommt **Panaeng** (rotes Curry) daher. Sehr mild schmeckt das gelbe **Gaeng Gari** mit Kartoffelstückchen.

Höllisch scharf und doch sooo gut ...

Chili, Ingwer und Kokosmilch

Wer jetzt auf den Geschmack gekommen ist, kann sich im Urlaub die Geheimnisse thailändischer Kochkunst verraten lassen. Ein wunderschöner, entspannender Ort für einen mehrtägigen **Kochkurs** mit Unterkunft ist z.B. *The Thai House* (32/4 Moo 8, Tambol Bangmaung, Amphoe Bangyai, Nonthaburi, Tel. 02/903 96 11, www.thaihouse.co.th), ein traditioneller Teakholzbau an einem Klong im ländlichen Nonthaburi 22 km von Bangkok mit netter Atmosphäre. Infos in Deutschland:

Geoplan Touristik, Mohriner Allee 70, 12347 Berlin, Tel. 030/79 74 22 79, www.geoplan-reisen.de

Populäre Touristenspeisen sind die Pad-Gerichte, z.B. **Pad Thai** (gebratene Nudeln mit Gemüse, Erdnüssen, Ei und Fleisch oder Krabben) – diese ›Bratnudeln‹ sind spottbillig, haben aber wenig mit der Thai-Küche zu tun. Zu gekochtem Reis (*Khao Plao*) kann auch gebratenes Fleisch mit Chilis und Basilikum bestellt werden: **Pad Prik Bai Krapao** – das ist die einfachste Variante der Thai-Mahlzeiten. Außerdem gibt es noch die süßsauren Speisen (*Prieo Wahn*) und Fleisch mit Austernsauce (*Nam Man Hoy*).

Regionale Eigenheiten

Krabben, riesige Hummer und Muscheln finden sich im **Süden** auf jeder Speisekarte und sind nicht teuer. Im **Norden** haben die Gerichte einen leicht birmanischen Einschlag – ein *Kantoke* Dinner gibt einen kleinen Überblick: Das Gericht aus Klebreis mit knuspriger Schweinehaut, Curries und Saucen wird auf dem Boden sitzend genossen. Aus dem **I-Saan** kommt der Klebreis (*Khao Niao*): Reis und Zutaten, z.B. der kalte, aber feurige Grüne-Papaya-Salat mit Garnelen und Erdnüssen (*Som Tam*), werden hier oft noch mit der Hand verspeist. Ziemlich scharf ist auch *Laab*, ein Hackfleischgericht.

Chinesischen Einfluss zeigt der Verzehr der vielen unterschiedlichen Nudelarten: Zum Frühstück und als Zwischenmahlzeit essen viele Thai eine klare Nudelsuppe mit Fleischbällchen und Sojabohnen – übrigens die einzige Speise, die mit Stäbchen (und Löffel) gegessen wird, ansonsten schiebt man das Essen mit der Gabel auf den Löffel.

Süßes, Fruchtiges und Flüssiges

Wer farbenblind ist, kann nicht nur bei den zehn verschiedenen Chili-Arten einen höllischen Fauxpas begehen, er verpasst auch eine entscheidende Versuchung: Die **Süßspeisen** sind oft knallbunt gefärbt. Besonders schmackhaft ist *Khanom Krok*, das am Straßenrand in großen Pfannen gebraten wird: kleine halbkugelrunde Fladen aus Kokosmilch, Reismehl, Ei und Zucker. **Tropische Früchte** werden in allen Varianten an den Obstständen verkauft, darunter alte Bekannte wie Ananas, Bananen (20–30 Sorten!) und Wassermelonen. Besonders köstlich sind Mango, Mangosteen, Papaya, die stachelige Rambutan und die süße Longan (*Lamyai*). Nicht zu vergessen: die Kokosnuss (*Maprao*) – ihr klarer Saft ist stets eine wohltuende Erfrischung.

An internationalen Softdrinks herrscht in Thailand kein Mangel. Die Thai genießen viele **Getränke** mit Eis, selbst Bier und Wein, außerdem Wasser in versiegelten Flaschen (*Nam Plao*), Eiskaffee (*Gafä Yen*) und Eistee mit Zitrone (*Tscha Manao Yen*). Am Abend fließt der allseits beliebte *Mekhong* (Thai-Whiskey) in Strömen, auf dem Land eher der *Lao*, ein Reisschnaps.

Wohin zum Essen?

Hinweise: In Thailand gilt ein Rauchverbot in Restaurants, Bars und Diskotheken. Viele Restaurants sind klimatisiert und kühl (Jacke mitnehmen). – Die geschäftigste Zeit des Dinners ist um 19 Uhr, geschlossen wird in der Regel um 22 Uhr.

Das Angebot an **internationalen Restaurants** der gehobenen Klasse ist vor allem in Bangkok, Phuket und Pattaya riesengroß. Wer gern thailändisch, doch weniger scharf gewürzt isst als die Einheimischen, kommt am besten in Hotelrestaurants zurecht.

Einen Blick in die Töpfe einer **Suppenküche** sollte jeder Gast einmal riskieren. Das Feuer auf Zunge, in Rachen und Kehle kann jederzeit mit einer Zusatzportion Reis gelöscht werden – man gewöhnt sich daran! Die Ausstattung ist meist spartanisch, das Essen aber lecker, preiswert und schnell serviert. Zudem locken überall im Land fahrbare **Garküchen** mit gegrillten Fleischspießen, oder man begibt sich auf die Flüsse, wo zahllose **Floating Restaurants** ihre Gäste verwöhnen.

Feiertage und Feste

1. Januar (Neujahr), 26. Januar/Februar (Chinesisches Neujahr), 6. April (Chakri-Tag, Inthronisation des Königs Rama I.), 13.–15. April (Songkran, Thailändisches Neujahrsfest), 1. Mai (Tag der Arbeit), 5. Mai (Krönungstag des Königs Bhumipol), 12. August (Geburtstag der Königin Sirikit), 23. Oktober (Todestag des Königs Chulalongkorn), 5. Dezember (Geburtstag des Königs Bhumipol), 10. Dezember (Verfassungstag).

Die Thailänder begehen darüber hinaus auch mehrere buddhistische Feiertage. Hinzu kommen regionale Tempelfeste und Volksfeste. Viele religiöse Feiertage werden nach dem Mondzyklus jedes Jahr neu datiert.

Festivals und Events

Januar/Februar

Chinesisches Neujahr: Es wird vor allem in Bangkok, Nakhon Sawan und Phuket von Thailänder chinesischer Abstammung mit Feuerwerk, Prozessionen und Straßenfesten begangen. Der Termin richtet sich nach dem Mondkalender.

Februar

Underwaterwedding: Parties und Paraden zum Unterwasserhochzeitsfestival am Strand von Pak Meng in der südthailandischen Provinz Trang (13.–15. Febr., www.underwaterwedding.com)

Februar/März

Makha Bucha: Zum Gedenken an eine berühmte Predigt Buddhas mit Tempelfesten und Prozessionen gefeiert.

März

King's Cup Elephant Polo: Internationales Sportevent mit 18 Dickhäutern im nordthailändischen Anantara Resort Golden Triangle, Chiang Saen (Ende März, www.anantaraelephantpolo.com)

Pattaya International Music Festival: Drei Festnächte mit Livemusik von Jazz über Techno bis zu HipHop am und um Pattaya Beach.

April

Chakri-Tag: Fest zur Erinnerung an die Inthronisation des ersten Königs, Rama I., aus der bis heute regierenden Chakri-Dynastie erinnert (6. April).

Songkran, das traditionelle thailändische Neujahrsfest wird landesweit – besonders in Chiang Mai [s. S. 114] – mit großen Paraden und viel Spritzerei begangen, denn es hat sich zum Wasserfest entwickelt (13.–15. April).

Phra Nakhon Khiri Muang Phet Fair, mehrtägiges Festival im Sommerpalast von Petchaburi mit Prozessionen, Feuerwerk und Musikwettbewerben.

Mai

Krönungsjubiläum von König Bhumipol, der – als dienstältestes Staatsoberhaupt der Welt– seit 1946 amtiert (5. Mai).

Königliche Pflugzeremonie: Der König oder ein Stellvertreter leiten mit einer symbolischen Zeremonie auf dem Sanam Luang in Bangkok den Beginn der Zeit der Reisaussaat ein (Mitte Mai).

Visaka Bucha: Eines der ältesten buddhistischen Feste. Buddhas Geburt, Erleuchtung und Eintritt ins Nirwana werden an diesem Tag mit Tempelprozessionen gefeiert (bei Vollmond).

Juli

Asanha Bucha: Das Fest erinnert an die erste Lehrrede Buddhas – er hielt sie im indischen Benares. An diesem Tag beginnt die dreimonatige Fastenzeit Khao Phansa, in der die Mönche die Klöster nicht verlassen und sich verstärkt den buddhistischen Lehren widmen.

August

Geburtstag von Königin Sirikit: Der populären Monarchin zu Ehren werden besonders in Bangkok Gebäude und Straßen mit Blumengirlanden geschmückt – und zugleich wird der Muttertag begangen (12. Aug.).

Mitte Oktober/Mitte November

Thod Kathin: Symbolisiert das Ende der Regenzeit und der Ook Phansa genannten Fastenzeit. Große Prozessionen haben die buddhistischen Klöster zum Ziel, und den Mönchen werden allenthalben Geldumschläge, neue Gewänder und andere Gaben überreicht.

November

Loy Krathong: Romantisches Lichterfest zu Ehren von Mae Phra Khongkha, der Göttin des Wassers. Bei Vollmond setzen Gläubige kunstvoll gestaltete, von Kerzen erleuchtete Schiffchen (Krathongs) auf Kanäle, Flüsse und Seen [s. S. 97].

Dezember

König Bhumipols Geburtstag: Ein Höhepunkt im thailändischen Festkalender, zugleich Vatertag. Besonders prächtig wird in Bangkok gefeiert, mit einer königlichen Parade und einem großen Feuerwerk (5. Dez.).

King's Cup Regatta: Größte Segelregatta Asiens, in den Gewässern um Phuket. Termin ist König Bhumipols Geburtstag, der König ist auch Schirmherr des Events (Anfang Dez., www.kingscup.com).

Klima und Reisezeit

In Thailand herrscht ewiger Sommer mit tropischem Klima. Die beste Reisezeit ist zwischen November und März. Es gibt drei Jahreszeiten, die vom Monsun bestimmt werden: Die heiße und trockene Sommerzeit zwischen März und Mai (Temperaturen in Bangkok bis zu 40 °C), die Regenzeit zwischen Juni und September/Oktober (Luftfeuchtigkeit steigt auf bis zu 98 % an), und die ›kühle‹ Jahreszeit zwischen November und Februar (heiß, weniger feucht, beste Trekkingzeit). Eine Ausnahme ist der Norden, wo die Temperaturen in der Winterzeit auf 20 °C und nachts in den Bergen auf bis zu 5 °C sinken können.

Die beiden Küsten der Malaiischen Halbinsel haben unterschiedliche **Regenzeiten**. Von Mai bis längstens Oktober regnet der Südwestmonsun auf die **Westküste** herab, mitunter so stark, dass manche Bootsverbindungen zwischen Krabi und den vorgelagerten Inseln wochenlang ausgesetzt werden müssen. Auch können die Strömungen um Phuket und vor Krabi zu dieser Zeit gefährlich werden, der Regen kann tagelang andauern. Von Oktober/November bis Februar herrscht Regenzeit an der **Ostküste**. Der Nordostmonsun bringt vor allem Ko Samui und den benachbarten Inseln tropische Stürme, besonders regenreich ist es hier im November.

Klimadaten Bangkok/Südthailand

Monat	Luft (°C) min./max.	Wasser (°C)	Sonnen-std./Tag	Regen-tage
Januar	20/32	26	8	2
Februar	23/33	27	9	3
März	24/34	27	9	3
April	25/35	28	8	3
Mai	25/34	28	7	6
Juni	24/33	28	5	16
Juli	23/33	28	6	17
August	23/32	28	5	19
September	22/32	28	5	21
Oktober	22/31	27	6	22
November	23/31	27	8	5
Dezember	21/31	27	8	2

Klimadaten Chiang Mai

Monat	Luft (°C) min./max.	Luftfeuchtigkeit (%) min./max.	Sonnen-std./Tag	Regen-tage
Januar	13/28	41/94	9	1
Februar	14/32	33/90	9	1
März	18/34	31/84	10	2
April	22/37	37/83	9	5
Mai	23/33	50/90	8	11
Juni	23/32	60/91	6	14
Juli	23/31	61/93	5	19
August	22/30	66/95	5	23
September	22/32	63/95	5	18
Oktober	21/30	59/95	7	11
November	18/30	52/95	8	4
Dezember	13/28	48/95	9	2

Kultur live

Vor allem in Bangkok ist für Unternehmungslustige viel geboten: Manche **Kinos** zeigen englischsprachige Filme, in den zahlreichen **Clubs** treten internationale Jazz- und Bluesmusiker auf. Das **National Theatre** (Na Phra That Road, neben dem National Museum, Bangkok, Tel. 02/224 13 42) bietet am Wochenende traditionelle Thai-Tänze. Als kurzweiliger

Einblick in die Kunst des klassischen **Thai-Tanzes** eignen sich die Aufführungen der Dinnershows [s. S. 32] in Hotels oder Restaurants.

Die thailändische Boxart **Muay Thai** ist ein weiterer Anziehungspunkt für Thailänder und Touristen [s. S. 31].

Über aktuelle Events in Arts & Culture informieren Webseiten der Tageszeitung ›Bangkok Post‹ (www.bangkokpost.com/thailandguide) sowie die in den Hotels ausliegenden Broschüren.

Informationen zu den staatlichen **Museen** Thailands findet man auf der Seite www.nationalmuseums.finearts.go.th.

Meditationsklöster

Landesweit gibt es Meditationsklöster, in denen auch ausländische Besucher Meditieren lernen bzw. sich für einige Tage oder Wochen zum Meditieren zurückziehen können (*Retreats*). Die bekanntesten sind Wat Mahathatu in Bangkok, Wat Muang Mang, Wat Umong bei Chiang Mai, Wat Suan Mokkh [s. S. 71] bei Surat Thani und Wat Khao Tahm [s. S. 63] auf Ko Pha-Ngan. Eine Übersicht bieten Webseiten wie www.sawadee.com/thailand/meditation.

International Buddhist Meditation Center, Dahmma Vicaya Hall, Wat Mahathatu, Tha Prachan, Bangkok, Tel. 02/6 23 62 6 (Mo–Sa 13–18 Uhr). Unterricht in Meditationsformen und Retreats.

Sitten und Gebräuche

Einige Verhaltensregeln sind in Thailand unbedingt zu beachten. Nur so kann ein ›Gesichtsverlust‹ vermieden werden, der in Asien zu den schlimmsten Peinlichkeiten zählt. Im Gegensatz zu den manchmal hitzigen Westlern pflegen die Thai im Umgang miteinander das *Djai Yen*, ein ›kaltes Herz‹ – eine Art buddhistisch geprägter Gleichmut. Oft lassen sich Probleme nur mit viel Geduld meistern, lautstark protestieren nützt gar nichts.

Religiöse Stätten: Vor dem Betreten eines Tempels sind unbedingt die Schuhe auszuziehen und Hüte abzunehmen. Mit Trägerhemd, Shorts oder Minirock angetan bleibe man besser gleich draußen! Auf einer Buddhafigur oder anderen Sakralskulpturen darf auf keinen Fall für ein Foto posiert werden – dies wäre die gröbste Missachtung der hochverehrten Abbilder Buddhas oder anderer Götter.

Kleidung: Auch Thailänder beurteilen ihr Gegenüber oft nach der Kleidung. Badekleidung oder Sarongs eignen sich ausschließlich für den Strand. Auch wenn es hundertfach zu sehen ist, besonders in Phuket, Pattaya oder Ko Samui: Oben ohne gilt als Verstoß gegen die Landessitten und verletzt das Schamgefühl! Nacktbaden ist landesweit verboten.

Begegnungen und Eigenarten: Die Thai begrüßen sich stets mit dem Vornamen und mit einem *Wai*: Beide Hände werden aneinander gelegt, je älter und wichtiger das Gegenüber, desto höher die gefalteten Hände und desto tiefer die Verbeugung. Frauen geben einem Mönch nie die Hand und berühren ihn nicht. Die Füße sollen beim Sitzen nicht in die Richtung eines Buddhas oder eines Thai zeigen. Beim Besuch in einem Privathaus sind die Schuhe auszuziehen. Äußerste Zurückhaltung sollte man auch mit Kritik, besonders am Königshaus, üben – die Thai nehmen das sehr persönlich.

Sport und Wellness

Baden und Wassersport

Der Golf von Thailand und die Andamanensee eignen sich bestens jede Art von Wassersport, so auch zum Angeln und Hochseefischen. In den bekannten Badeorten gehören zum Sportvergnügen neben Schwimmen auch Paragliding, Surfen, Segeln, Tauchen und Kanufahren. Letzteres ist besonders beliebt im Phang Nga Bay Marine National Park und im Ang Thong Marine National Park.

Fahrradtouren

Von der Tagestour per Rad oder Mountainbike rund um Bangkok bis zur 12-tägigen Exkursion in den Norden oder Süden Thailands (inklusive Transfer und Reiseleitung) reicht die Palette der Angebote. Webseiten wie Amazing Bike Tours (www.amazingbiketoursthailand.asia) vermittelt einen guten Überblick. *Recreational Bangkok Biking* wiederum bietet Halbtagestouren (max. acht Teilnehmer, Tourleitung auf Englisch) durch Bangkok, Chiang Mai und Pattaya sowie längere Touren ins Umland an (Tel. 02/285 39 55, www.bangkokbiking.com).

Golf

In Thailand gibt es über 200 Golfplätze, wo man in der Regel zu günstigen Preisen spielt. Zu den berühmten Greens zählen der Royal Hua Hin Golf Course (www.golfhuahin.com), der Thai Country Club (www.thaicountryclub.com) bei Bangkok, der Santiburi Samui Country Club (www.santiburi.com) auf Koh Samui und auf Phuket der Blue Canyon Country Club (www.blue canyonclub.com). Informationen gibt's beim bei TAT [s. S. 126].

Tauchen

Mit seiner atemberaubenden Unterwasserwelt, geschützt in 26 Marinenationalparks, ist Thailand ein Taucherparadies. Vor den Küsten und rund um die 500 Inseln kann man Walhaie, Zackenbarsche, Teufelsrochen und herrliche Korallen bestaunen. Tauchschulen bieten oft auch mehrtägige Tauchsafaris an. Die besten Reviere liegen in der Andamanensee – Similan Islands, Surin Islands, Richelieu Rock, Burma Banks, Phuket, Krabi, Ko Phi Phi. Im Golf von Thailand taucht es sich gut bei Pattaya, Ko Chang, Ko Tao, Ko Pha-Ngan und Ko Samui. Einige Tauchgebiete werden zeitweilig gesperrt, um die Korallen zu schützen, darunter waren oder sind Tauchreviere bei Tarutao, Krabi und Surin und Similan Islands in der Andamanensee, bei Chumphon und Ko Tao im Golf von Thailand. Similan Islands konnte im Februar 2013 wieder für Taucher geöffnet werden.

Wandern und Trekking

Beste Wandergelegenheit bieten die **Nationalparks** (www.dnp.go.th/parkreserve) mit meist gut ausgeschilderten Wanderpfaden und mit geführten Touren [vgl. Nr. 7, 9, 14, 19, 24, 30, 35]. In der Regel finden sich im Bereich der Naturparks auch Unterkunftsmöglichkeiten [s. S. 135].

Beim Trekking (www.trekthailand.net) im Norden, in der Gegend um Kanchanaburi und im äußersten Westen bei Mae Sot gehören zum mehrtägigen Abenteuer. meist eine Flussfahrt per Floß und ein Ritt auf Elefanten. Die Trekking-Agenturen sind qualitativ sehr unterschiedlich. Ein Führer, der englisch spricht und die Bergstämme (auch ihre Stammessprache) gut kennt, sollte dabei sein. Infos:

Wikinger Reisen, Kölner Str. 20, Hagen, Tel. 023 31/90 46, www.wikinger.de

Wellness und Thai-Massage

Meditation ist nicht nur Teil der buddistischen Religion – sie gehört auch zu den jahrtausendealten Lehren der thailändischen Naturheilkunde, die ihre Ursprünge in Indien und China hatten. Heute bieten die meisten großen Hotels neben Fitness Centern auch Spa- und Wellness-Abteilungen an. Hier kann man sich außer der Aromatherapie auch Thermalbädern, Naturkosmetik und vor allem der traditionellen Thai-Massage hingeben – einer Kombination aus passiven Yogaübungen wie Streck- oder Dehnsequenzen. Auch die Druckpunktmassage, bei der die Energielinien des Körpers behandelt werden, ist beliebt. Infos:

Chiva Som International Health Resort, 73/4 Petchkasem Road, Hua Hin 77110, Tel. 032/53 65 36, www.chivasom.com. Entspannung mit Physiotherapie und Schönheitsbehandlungen.

Statistik

Lage: Thailand liegt im Herzen Südostasiens. Nachbarländer sind Myanmar im Westen und Norden, Laos im Nordosten, Kambodscha im Osten und Malaysia im Süden. Das Land wird in vier Großräume gegliedert: die Zentralregion mit Bangkok (Schwemmlandebene, Reisanbau, Industrie), die gebirgige Nordregion mit Ausläufern des Himalaya (fruchtbare Täler, Bergstämme, Trekking), die Nordostregion (touristisch wenig erschlossenes Hochplateau aus nährstoffarmen Verwitterungsböden) und die Südregion mit 2600 km langer Küste (schroffe Felsen im Westen, weite Küstenebene im Osten). Der höchste Berg ist der 2565 m hohe Doi Inthanon im Norden, längster Fluss (mit 360 km) der Menam Chao Phraya, der die Zentralregion durchfließt.

Verwaltung: Thailand ist eine konstitutionelle Monarchie mit König Bhumipol als Staatsoberhaupt. Das Königreich besteht aus 76 Provinzen.

Hauptstadt: Bangkok (7 Mio. Einw., 12 im Großraum), Zentrum von Verwaltung, Wirtschaft, Wissenschaft und Militär.

Fläche: 514 000 km^2 (das entspricht etwa der Größe Spaniens), davon rund 40 % Ackerfläche und ca. 13 % Waldfläche.

Wirtschaft: Etwa zwei Drittel der Thailänder arbeiten in der Landwirtschaft. Zu den wichtigsten Exportgütern gehören

Reis, Kautschuk, Palmprodukte, Zucker, Obst, Tapioka, Fisch, Textilien, Obstkonserven und elektrische Geräte. Führende Devisenquelle ist der Tourismus.

Bevölkerung: Thailand hat über 69 Mio. Einwohner (Thai: 75%, Chinesen: 14%, ansonsten: Bergstämme, Malaien, Laoten, Kambodschaner, Birmanen, Inder). 95% aller Thailänder bekennen sich zum Theravada-Buddhismus.

Unterkunft

Hotels und Gästehäuser

Von billigen Absteigen über familienfreundliche Hotels bis hin zu Nobelherbergen der Spitzenklasse bietet Thailand ein breit gefächertes Angebot an Unterkünften. Die oberste Preisklasse ist mit allem Komfort ausgestattet. Die Mittelklasse entspricht nicht immer den europäischen Erwartungen hinsichtlich Einrichtung, Service und Sauberkeit. Diese beiden Kategorien schlagen **17% Steuern** auf den Preis auf, in der Nebensaison gibt es häufig Preisnachlässe. Viele Hotels sind billiger, wenn man von zu Hause und übers *Internet* (www.thaihotels.org, www.hotelthailand.com) bucht.

Alle Kategorien in allen Landesteilen sind immer wieder von Stromausfällen betroffen. Die Bungalows am Meer stehen zwar oft auf Stelzen, aber trotzdem begegnet einem hier der eine oder andere unliebsame Mitbewohner: Kakerlaken lieben nun einmal feuchte Gebiete.

Preiskategorien

300–800 Baht: Gästehaus-Standard, meist für Rucksacktouristen geeignet, manchmal nur Kaltwasser-Dusche und Toilette mit ›Schöpfspülung‹, Deckenventilator, oft kein Kleiderschrank oder Bettzeug, nicht immer tägliche Reinigung.

800–1500 Baht: Untere Mittelklasse. Meist Klimaanlage, Dusche, oft TV. Vor allem auf dem Land sollte zu diesem Preis auf keinen Fall deutscher Standard an Sauberkeit und Service erwartet werden.

1500–4000 Baht: Mittelklasse, Badezimmer oft mit Wanne, internationales Restaurant. Personal spricht nicht immer Englisch; z.T. 17% Steuerzuschlag.

über 4000 Baht: Die oberste Preisklasse bietet jeglichen Komfort, z.B. Pool, CD-Spieler, TV, WLAN, Minibar, persönlicher Regenschirm, Fön, Badelatschen, gut ausgebildetes Personal, Feinschmeckerrestaurants. Ebenfalls 17% Steuerzuschlag.

National Parks und Camping

Die meisten Nationalparks bieten Unterkünfte in einfachen Bungalows und auf Campingplätzen. Infos:

National Park, Wildlife & Conservation Department, 61 Phaholyothin Rd., Chatujak, Bangkok 10900, Tel. 02/562 07 60, www.dnp.go.th

Verkehrsmittel im Land

Bangkok biete eine Vielzahl öffentlicher Verkehrsmittel [s. S. 30], in Provinzstädten wie Chiang Mai verkehren meist *Rikschas*, und auf kurzen Strecken über Land *Song Thaeos* (Sammeltaxis mit Querbänken).

Bahn

Von Bangkok aus gibt es mehrmals täglich Bahnverbindungen in alle Landesteile. Es gibt verschiedene Klassen und Geschwindigkeiten. Grundsätzlich ist die Bahn (Info-Tel. 1690) langsamer und teurer als Überlandbusse, man reist jedoch angenehmer und sicherer. Besonders empfehlenswert sind die preiswerten 2.-Klasse-Nachtzüge nach Norden und Süden, bei denen die Sitzbänke blitzschnell in Betten auf zwei Etagen verwandelt werden (mit sauberen Laken und Frühstück; an Wochenenden und Feiertagen rechtzeitig buchen).

Bus

Preiswerte Busse von *Interprovincial Bus Lines* (Tel. 1490, Infos: inter.tourismthailand.org) verkehren landesweit bis in die kleinsten Winkel. Das staatliche Bussystem teilt sich in mehrere Klassen: **Local** sind klapprige, zugige Busse mit engen Sitzreihen, die auch auf Handzeichen am Straßenrand halten. Orange **Express** Busse sind etwas angenehmer, **Second Class** sind klimatisierte Busse in Blau und Weiß, die auch in kleineren Orten halten. Die weißen oder blauen **First Class** Busse verkehren zwischen den größeren Städten. Am bequemsten sind **VIP** Busse und **S-VIP** Busse (mit nur 24 Sitzen). Sie bieten mehr Sitzkomfort und mehr Platz, sowie Getränke, Imbiss und laute Videos.

Fähre

Zwischen den großen Inseln und dem Festland verkehren täglich Expressboote und Autofähren – in den Monsunzeiten allerdings eingeschränkt. Fährtickets sind an jedem Anleger erhältlich, meist auch auf den Fähren oder Booten selbst.

Flugzeug

Thai Airways (Tel. 02/628 20 00, www.thaiair.de) bedient Ziele in ganz Thailand. Bangkok Airways (Tel. 02/265 55 55, www.bangkokair.com) verbindet Bangkok, Chiang Mai, Krabi, Pattaya, Phuket, Samui, Sukhothai, Trat und Lampang.

Mietwagen

In allen großen Städten gibt es Filialen internationaler Autoverleihfirmen. Zumindest in Bangkok ist jedoch davon abzuraten, sich selbst hinters Steuer zu setzen. Die Straßen in der Provinz sind meist gut asphaltiert, die Schilder zum großen Teil in Thai und Englisch beschriftet. Man kann auch Wagen mit Fahrer mieten. Gute und zuverlässige Angebote gibt es z. B. bei driveFTI (Tel. 01 80/504 15 04, www.drivefti.de).

In See stechen – an Bord einer historischen Dschunke ist das ein kleines Abenteuer

Traumreisen durch Siam und Indochina

Die wohl schönste Art der Annäherung an Thailand ist die zweitägige Bahnfahrt mit dem **›Eastern Oriental‹** von Singapur über Kuala Lumpur bis Bangkok [s. S. 127]. Man kann diese **luxuriöse Bahnfahrt** auch in umgekehrter Richtung unternehmen: Von Bangkok geht es 2000 km entlang der Golfküste und ihren Badeorten in immer tropischere Regionen, an den atemraubend steilen Reisterrassen in Malaysia vorbei bis in die Inselstaatmetropole Singapur.

In Thailand lässt sich dieser Nostalgietrip auf dem Wasser fortsetzen: Mit den

TOP TIPP

restaurierten Teakschiffen **›Mekhala‹** (www.asian-oasis.com) und **›Manohra Song‹** (www.manohracruises.com, s. S. 33) gleitet man auf dem großen Fluss **Chao Phraya** der alten Königsstadt Ayutthaya entgegen so wie einst die Könige selbst. Auch die urtümliche Inselwelt in der **Phang Nga Bay**, eines der schönsten Segelreviere der Welt, kann man von Phuket aus mit der Dschunke **›Suwan Macha‹** (www.asian-oasis.com) entdecken, ganz nach alter Tradition.

Bei einem dreitägigen Abstecher ins benachbarte **Laos** (das Visum ist an den Grenzübergängen erhältlich) entführt die

TOP TIPP

›Vat Phou‹ auf eine traumhafte Reise: Die umgebaute einstige Reisbarke fährt auf den Spuren alter Khmer-Herrscher den **Mekong** hinab – durch ein zauberhaftes Land zu den Vat Phou Ruinen (UNESCO-Weltkulturerbe), vorbei an zahllosen Inseln und zu den Pha Pheng Wasserfällen. Infos:

Vat Phou Mekong Cruise, www.vatphou.com

Das Touristenboot **›Luang Say‹** fährt im Nordosten ab Chiang Khong/Houei Say ebenfalls nach Laos. Auf dem Mekong reist man durch Dschungel- und Berggebiete nach Luang Prabang. Infos:

Luang Say Mekong Cruise, www.luangsay.com

Auch durch **Myanmar** geht es per Schiff, z.B. bei einer viertägigen Kreuzfahrt mit der **›Road to Mandalay‹** auf dem Irawaddy-Fluss. Infos: www.orient-express.com

Sprachführer

Thailändisch für die Reise

Das Wichtigste in Kürze

Ja/Nein	tschài/mài tschài	ใช่/ไม่ใช่
Bitte/Danke	mài-bpen-rai/koh:b-kun (krâb/kà)	ไม่เป็นไร/ขอบคุณ (ครับ/ค่ะ)
Entschuldigung!	kóh:-tò:d (krâb/kà)	ขอโทษ (ครับ/ค่ะ)
Wie bitte?	a-rai-nâ (krâb/kâ)	อะไรนะ (ครับ/คะ)
Können Sie mir bitte helfen?	kun tschù:ai noi dà:i mái	คุณช่วยหน่อยได้ไหม
Ich möchte …	(póm/tschán) ya:g …	(ผม/ฉัน) อยาก …
Wie viel kostet das?	nì: tào-rai / nì: ra:ka: tào-rai	นี่เท่าไร/นี่ราคาเท่าไร
Kann ich mit Kreditkarte bezahlen?	(póm/tschán) dja:i kredid gâ:d dà:i mái	(ผม/ฉัน) จ่ายเครดิทคาร์ดได้ไหม
Hallo!/Auf Wiedersehen!	sawaddee (krâb/ka)	สวัสดี (ครับ/ค่ะ)
Wie ist Ihr Name?	(kóh:-tò:d krâb/kà) tschű: a-rai krâb/kâ	(ขอโทษ ครับ/ค่ะ) ชื่ออะไร ครับ/คะ
Mein Name ist …	(póm/tschán) tschű: …	(ผม/ฉัน) ชื่อ
Wie geht es Ihnen ?	kun saba:i di: mái	คุณสบายดีไหม
gestern/heute/morgen	mù:a wa:n nî:/wan nî:/prùng nî:	เมื่อวานนี้/วันนี้/พรุ่งนี้
am Vormittag/Nachmittag	dtoh:n tschâ:o/ dtoh:n ba:i	ตอนเช้า/ตอนบ่าย
am Abend/in der Nacht	dtoh:n yen/dtoh:n gla:ng kü:n	ตอนเย็น/ตอนกลางคืน
um 1 Uhr/2 Uhr …	dti: nüng/dti: sóh:ng …	ตีหนึ่ง/ตีสอง
um … Uhr 30	… mo:ng krüng	… โมงครึ่ง
Minute(n)/Stunde(n)	na:ti:/tschùa mo:ng	นาที/ชั่วโมง
Tag/Monat/Jahr	wan/dü:an/bpi:	วัน/เดือน/ปี

Wochentage

Montag	wan djan	วันจันทร์
Dienstag	wan ang ka:n	วันอังคาร
Mittwoch	wan pût	วันพุธ
Donnerstag	wan parûhat	วันพฤหัสฯ
Freitag	wan sug	วันศุกร์
Samstag	wan sáo	วันเสาร์
Sonntag	wan a:tîd	วันอาทิตย์

Monate

Januar	môg-ga-ra-kom	มกราคม
Februar	gum-pa:-pan	กุมภาพันธ์
März	mi:-na-ko:m	มีนาคม
April	me:-sá:-yon	เมษายน
Mai	prût-sa-pa:-kom	พฤษภาคม
Juni	mî-tu-na:-yon	มิถุนายน
Juli	ga-ra-ga-da:-kom	กรกฎาคม
August	síng-há:-kom	สิงหาคม
September	gan-ya:-yon	กันยายน
Oktober	dtu-la:-kom	ตุลาคม
November	prût-sa-djig-ga:-yon	พฤศจิกายน
Dezember	tan-wa:-kom	ธันวาคม

Zahlen

0	sú:n	ศูนย์
1	nüng	หนึ่ง
2	sóh:ng	สอง
3	sâ:m	สาม
4	si:	สี่
5	hà:	ห้า
6	hog	หก
7	djed	เจ็ด
8	bpä:d	แปด
9	gào	เก้า
10	sib	สิบ
11	sib-ed	สิบเอ็ด
12	sib-sóh:ng	สิบสอง
13	sib-sá:m	สิบสาม
14	sib-si:	สิบสี่
15	sib-hà:	สิบห้า
16	sib-hog	สิบหก
17	sib-djed	สิบเจ็ด
18	sib-bpäd	สิบแปด
19	sib-gào	สิบเก้า
20	yì:-sib	ยี่สิบ
21	yì:-sib-ed	ยี่สิบเอ็ด
22	yì:-sib-sóh:ng	ยี่สิบสอง
30	sa:m-sib	สามสิบ
40	si:-sib	สี่สิบ
50	hà:-sib	ห้าสิบ
60	hog-sib	หกสิบ
70	djed-sib	เจ็ดสิบ
80	bpä:d-sib	แปดสิบ
90	gào-sib	เก้าสิบ
100	nüng rôh:i oder rôh:i nüng	หนึ่งร้อย/ร้อยหนึ่ง
200	sóh:ng rôh:i	สองร้อย
1000	nüng pan	หนึ่งพัน
2000	sóh:ng pan	สองพัน
10000	nüng mü:n	หนึ่งหมื่น
1000000	nüng sắ:n	หนึ่งแสน
1/4	(se:t) nüng-suan-si:	(เศษ) หนึ่งส่วนสี่
1/2	(se:t) nüng-suan-sóh:ng:	(เศษ) หนึ่งส่วนสอง

Unterwegs

Nord/Süd/West/Ost	nǘ:a/dtà:i/tawan tog/tawan oh:g	เหนือ/ใต้/ตะวันตก/ตะวันออก
geöffnet/geschlossen	bpö:d/bpid	เปิด//ปิด
geradeaus/zurück	dtrong bpai/glab	ตรงไป/กลับ
links/rechts	sâ:i/kwá:	ซ้าย/ขวา
nah/weit	glài/glai	ใกล้/ไกล
Wie weit ist das?	glai kà: nái	ไกลแค่ไหน
Wo sind die Toiletten?	kóh: kào hòhng nâ:m noi	ขอเข้าห้องน้ำหน่อย
Wo ist die (der) nächste …		
Telefonzelle/	dtù: to:rasab/	ตู้โทรศัพท์/
Bank/	tana:ka:n/	ธนาคาร/
Polizei/	satá:ni: dtam-ruad/	สถานีตำรวจ/
Post/	bprai-sa-ni:/	ไปรษณีย์/
Geldautomat?	tì: god ngön atdtanomât	ที่กดเงินอัตโนมัติ
	… yu: nái	… อยู่ไหน
Wo ist …		
der Flughafen/	saná:m bin/	สนามบิน/
der Fährhafen/	tà: rü:a/	ท่าเรือ/
der Bahnhof/	satá:ni: rôd fai/	สถานีรถไฟ/
der Busbahnhof?	satá:ni: rôd me:	สถานีรถเมล์
	… yu: nái	… อยู่ไหน
Wo finde ich …		
ein Lebensmittelgeschäft/	râ:n ká:i gab kà:o/	ร้านขายกับข้าว/
einen Markt?	dtala:d	ตลาด
	… yu: nái	อยู่ไหน
Ist das der Weg/	nì: dta:ng bpai … tschài mái/	นี่ทางไป … ใช่ไหม/
die Straße nach …?	nì: tanón bpai … tschài mái	นี่ถนนไป … ใช่ไหม
Ich möchte mit …	(póm/tschán) dja bpai …	(ผม/ฉัน) จะไป …
dem Bus/	ta:ng rôd bpra-djam-ta:ng/	ทางรถประจำทาง/
der Fähre/	ta:ng rü:a/	ทางเรือ/
dem Flugzeug nach … fahren.	ta:ng krǜ:ang bin	ทางเครื่องบิน
Ich benötige eine	(póm/tschán) dtòhng ga:n tì:	(ผม/ฉัน) ต้องการที่พัก
Hotelunterkunft.	pâg tì: ro:ngrä:m	ที่โรงแรม

Hinweise zur Aussprache

Die thailändische Sprache besteht aus 44 Konsonanten und 32 Vokalen. Die Vokale können sowohl vor, hinter, unter, über den Konsonanten stehen oder sogar einen Konsonanten umschließen. Es gibt keine Interpunktion. Der Text reiht sich hintereinander wie ein unendlicher Satz. Es gibt keine Genera, doch der Sprech*er* setzt das Wort **Krâb** und die Sprecher*in* **Ka** hinzu. Entsprechend ist **Póm** das männliche Personalpronomen und **Tschán** das weibliche, wobei diese in der gesprochenen Sprache häufig weggelassen werden.
Bei der Aussprache der verwendeten **Lautschrift** ist Folgendes zu beachten:
1. Die **Tonhöhe**: Durch Tonunterschiede in der Aussprache bekommt der Vokal und damit das ganze Wort unterschiedliche Bedeutungen. Bsp.: má: (ansteigender Ton) = Hund, mâ: (hoher Ton) = Pferd, ma: = kommen.

Die fünf Tonhöhen:

a	tief ausgesprochen
à	fallend ausgesprochen
â	hoch ausgesprochen
á	steigend ausgesprochen
a	normale Aussprache

2. Hinzu kommt die **Länge** des Vokals, z. B. n**â:**m (langes, hohes a) = Wasser, n**a**m (kurzes a) = bringen. Bei Doppelvokalen werden beide lang ausgesprochen, Bsp.: **a:i**.
3. **Besonderheiten** der Lautschrift:

oh	umschrieben mit >aw< oder >or< ist ein offenes >o<, Bsp.: **o**ft.
bp	unbetontes >p<, Bsp.: S**p**iel
dt	unbetontes >t< , Bsp.:s**t**ar

Ich möchte eine Anzeige erstatten.	(póm/tschán) dtòhng ga:n djầng kwa:m	(ผม/ฉัน) ต้องการแจ้งความ
Man hat mir … Geld/Papiere gestohlen.	(póm/tschán) tu:g kamo:i … ngön/e:g-ga-sá:n	(ผม/ฉัน) ถูกโขมย ... เงิน/เอกสาร

Bank, Post Telefon

Ich möchte Geld wechseln.	(póm/tschán) kóh: lầ:g ngön noi	(ผม/ฉัน) ขอแลกเงินหน่อย
Brauchen Sie meinen Ausweis?	kun dtòhng ga:n du: nángsű: dö:n ta:ng mái	คุณต้องการดูหนังสือเดินทางไหม
Ich möchte eine Telefonverbindung nach …	(póm/tschán) dtòhng ga:n to:rasab bpai …	(ผม/ฉัน) ต้องการโทรศัพท์ไป ...
Haben Sie … Telefonkarten/Briefmarken?	mi: … ká:i mái gâ:d to:rasab/satäm	มี ... ขายไหม การ์ดโทรศัพท์/แสตมป์

Tankstelle

Wo ist die nächste Tankstelle?	bpâm nâ:m man glài tì: sud yu: tì: nái	ปั๊มน้ำมันใกล้ที่สุดอยู่ไหน
Ich möchte … Liter …	tö:m … lîd …	เติม ... ลิตร ...
Super/ Diesel/	sûppö̀/di:sel	ซูเปอร์/ดีเซล/
bleifrei/	râi sá:n dtagua	ไร้สารตะกั่ว/
mit … Oktan.	mi: … ôgte:n	มี ... อ็อคเทน
Volltanken, bitte!	kóh: dtem táng	ขอเต็มถัง

Panne

Ich habe eine Panne.	rôd (póm/tschán) dta:i	รถ(ผม/ฉัน)ตาย
Der Motor startet nicht.	satâ:t krǜ:ang mài dtid	สตาร์ทเครื่องไม่ติด
Gibt es hier in der Nähe eine Werkstatt?	tǎo nî: mi: u: rôd mái	แถวนี้มีอู่รถไหม
Können Sie mir einen Abschleppwagen schicken?	kun tschù:ai song rôd là:g hài (póm/tschán) noi dà:i mái	คุณช่วยส่ง รถลากให้(ผม/ฉัน) หน่อยได้ไหม
Können Sie den Wagen reparieren?	kun sòh:m rôd hài (póm/tschán) dà:i mái	คุณซ่อมรถให้ (ผม/ฉัน) ได้ไหม
Bis wann?	dja sed mǜ:a-rai	จะเสร็จเมื่อไร
Ich möchte ein Auto mieten.	(póm/tschán) ya:g tschào rôd kan nüng	(ผม/ฉัน) อยากเช่ารถ คันหนึ่ง
Wo kann ich den Wagen zurückgeben?	(póm/tschán) dja kü:n rôd dà:i tì: nái	(ผม/ฉัน) จะคืนรถ ได้ที่ไหน

Unfall

Hilfe/Achtung/Vorsicht!	tschù:ai dù:ai/râwang	ช่วยด้วย/ระวัง
Rufen Sie bitte schnell …	tschù:ai rì:ag … duan lö:i/reo-reo …	ช่วยเรียก... ด่วนเลย/เร็วๆ ...
einen Krankenwagen/ die Polizei/die Feuerwehr.	rôd paya:ba:n/ dtam-ruad/dab plö:ng	รถพยาบาล/ ตำรวจ/ดับเพลิง
Es war (nicht) meine Schuld.	(póm/tschán) (mài) pid	(ผม/ฉัน) (ไม่) ผิด
Ich brauche die Angaben zu Ihrer Autoversicherung.	(póm/tschán) kóh: ra:i lâi:ad kóh:ng bpragan pai kóh:ng kun dù:ai	(ผม/ฉัน) ผมขอรายละเอียด ของประกันภัย ของคุณด้วย
Geben Sie mir bitte Ihren Namen und Adresse.	kóh: tschǜ: lâ̂ tì: yu: kóh:ng kun noi	ขอชื่อและที่อยู่ ของคุณหน่อย

Krankheit

Können Sie mir einen	tschù:ai nâ-nam	ช่วยแนะนำ
Arzt/Zahnarzt	móh:/móh: fan	หมอ/หมอฟัน
empfehlen?	hài (póm/tschán) noi dà:i mái	ให้(ผม/ฉัน) หน่อยได้ไหม
Wann hat er Sprechstunde?	kli:nig bpö:d mû:a-rai	คลีนิคเปิดเมื่อไร
Wo ist die nächste Apotheke?	râ:n ká:i ya: yu: nái	ร้านขายยาอยู่ไหน
Ich brauche ein Mittel gegen …	(póm/tschán) kóh: sû: ya: gä: …	(ผม/ฉัน) ขอซื้อยาแก้ ...
Durchfall/	tôh:ng dö:n (tôh:ng sí:a)/	ท้องเดิน(ท้องเสีย)/
Fieber/	kài/	ไข้/
Insektenstiche/	malä:ng-dtoi (gad)/	แมลงต่อย(กัด)/
Kopfschmerzen/Verstopfung/	bpu:ad húa/tôh:ng pu:g/	ปวดหัว/ท้องผูก/
Zahnschmerzen.	bpu:ad fan	ปวดฟัน

Im Hotel

Haben Sie …	kun mi: …	คุณมี ...
ein Einzel-/Doppelzimmer …	hòhng di:ao/hòhng kù: …	ห้องเดี่ยว/ห้องคู่ ...
mit Bad/WC/	mi: hòhng nâ:m/sù:am dù:ai/	มีห้องน้ำ/ส้วม/
für eine Nacht/	sámrab kü:n di:ao/	สำหรับคืนเดียว/
für eine Woche?	sámrab a:tîd nüng/	สำหรับอาทิตย์หนึ่ง
	… wà:ng mái	... ว่างไหม
Was kostet das	hòhng prôh:m	ห้องพร้อม...
Zimmer mit …	… ra:ka: tàorai	ราคาเท่าไร
Frühstück/Halbpension?	a:há:n tschâ:o/ a:há:n	อาหารเช้า/อาหารเช้าเย็น
	tschâ:o yen	

Im Restaurant

Wo gibt es ein	mi: râ:n a:há:n aroi aroi/	มีร้านอาหารอร่อยๆ/
gutes/günstiges Restaurant?	tì: mài pä:ng tì: nâi bà:ng	ที่ไม่แพงที่ไหนบ้าง
Die Speisekarte, bitte.	kóh: me:nu: noi	ขอเมนูหน่อย
Haben Sie	mi: a:há:n mangsawîrât	มีอาหารมังสวิรัติ(เจ) ไหม
vegetarische Gerichte?	(dje:) mái	
Die Rechnung, bitte.	Tschêk bin noi/dja:i ngön	เช็คบิลหน่อย/จ่ายเงิน

Essen und Trinken

Brot	kanóm-bpang	ขนมปัง
Curry mit …	Gä:ng …	แกง ...
Rindfleisch/Kalb	nû:a/nû:a lù:g wu:a	เนื้อ/เนื้อลูกวัว/
Schweinefleisch/Ente/	mú:/bped/	หมู/เป็ด/
Hähnchen/Fisch	gai/ bpla:	ไก่/ปลา
Frühstück	a:há:n tschâ:o	อาหารเช้า
Gebratener Reis mit …	kà:o pad sai …	ข้าวผัดใส่ ...
Ei/Krabben/Krebs	kai/gùng/bpu:	ไข่/กุ้ง/ปู
Gemüse	pag	ผัก
Hummer	gùng manggoh:n	กุ้งมังกร
Kaffee	ga:fä:	กาแฟ
Meeresfrüchte	a:há:n tâle:	อาหารทะเล
Milch	nom	นม
Mineralwasser	nâ:m so:da:	น้ำโซดา
Nudeln … gebraten	gú:ai tí:ao … pad	ก๋วยเตี๋ยว ... ผัด
scharf/nicht scharf	ped/mài ped	เผ็ด/ไม่เผ็ด
Suppe	gä:ng djü:d	แกงจืด

	ADAC Reiseführer	ADAC Reiseführer plus
Ägypten	■	■
Algarve	■	■
Allgäu	■	■
Alpen – Freizeitparadies	■	
Amsterdam	■*	■*
Andalusien	■*	■*
Australien	■	■
Bali & Lombok	■	■
Baltikum	■	■
Barcelona	■*	■*
Bayerischer Wald	■	■
Berlin	■*	■*
Bodensee	■	■
Brandenburg	■	■
Brasilien	■	
Bretagne	■	■
Budapest	■*	■*
Bulgarische Schwarzmeerküste	■	■
Burgund	■	
City Guide Germany	■	
Costa Brava und Costa Daurada	■	
Côte d'Azur	■	■
Dänemark	■	■
Dalmatien	■	■
Deutschland – Die schönsten Autotouren		■
Deutschland – Die schönsten Orte und Regionen	■	■
Deutschland – Die schönsten Städtetouren	■	
Dresden	■*	■*
Dubai, Vereinigte Arab. Emirate, Oman	■	■
Elsass	■*	■*
Emilia Romagna	■*	■*
Florenz	■	■
Florida	■	■
Franz. Atlantikküste	■	■
Fuerteventura	■	■
Gardasee	■	■
Golf von Neapel	■	■
Gran Canaria	■	■
Hamburg	■	■
Harz	■*	■*
Hongkong & Macau	■	
Ibiza & Formentera	■	■
Irland	■	■
Israel	■	■
Istanbul	■	■
Istrien und Kvarner Bucht	■	■
Italien – Die schönsten Orte und Regionen	■	■
Italienische Adria	■	■*
Italienische Riviera	■	■*
Jamaika	■	
Kalifornien	■	■
Kanada – Der Osten	■	■
Kanada – Der Westen	■	■
Karibik	■	■
Kenia	■	■
Korfu & Ionische Inseln	■	■
Kreta	■	■
Kuba	■	■
Kykladen	■	
Lanzarote	■	■
Leipzig	■	■*
Lissabon	■	■*
London	■	■
Madeira	■	■
Mallorca	■	■
Malta	■	■
Marokko	■	■
Mauritius & Rodrigues	■	■
Mecklenburg-Vorpommern	■	■*
München	■	■*
Neuengland	■	■
Neuseeland	■	■
New York	■	■*
Niederlande	■	■
Norwegen	■	■
Oberbayern	■	■
Paris	■	■
Peloponnes	■	
Piemont, Lombardei, Valle d'Aosta	■	■*
Polen	■	■
Portugal	■	■*
Prag	■	■*
Provence	■	■
Rhodos	■	■
Rom	■	■
Rügen, Hiddensee, Stralsund	■	■
Salzburg	■	■*
St. Petersburg	■	■
Sardinien	■	■
Schleswig-Holstein	■	■
Schottland	■	■
Schwarzwald	■	■*
Schweden	■	■
Schweiz	■*	■*
Sizilien	■	■
Spanien	■	■
Südafrika	■	■
Südengland	■	■
Südtirol	■	■*
Sylt	■	■
Teneriffa	■	■
Tessin	■	■
Thailand	■	■
Thüringen	■	■
Toskana	■*	■*
Trentino	■	■
Tunesien	■	■
Türkei – Südküste	■	■
Türkei – Westküste	■	■
Umbrien	■	
Ungarn	■	■
USA – Südstaaten	■	
USA – Südwest	■	■
Usedom	■	■
Venedig	■	■
Wien	■	■*
Zypern	■	■

* mit Reise-Videos oder Audio-Features (abrufbar über QR-Code)

■ **ADAC Reiseführer**
144 bzw. 192 Seiten

■ **ADAC Reiseführer plus**
(mit Extraplan)
144 bzw. 192 Seiten

Foto: © Jens Wulf – Fotolia.com

Stand: 4/2013

Mehr erleben, besser reisen ... mit ADAC Reiseführern!